神道DNA

三宅善信

われわれは日本のことをどれだけ知っているのだろうか

はじめに

平成から令和への御世代《みよが》わりも滞りなく行われ、令和最初の新春を迎えた。年々、国際情勢が複雑化し、混迷が深まる中、わが国では、昨年五月一日の改元と「剣璽等承継の儀《けんじとうしょうけいのぎ》」ならびに「即位後朝見の儀《そくいごちょうけんのぎ》」にはじまり、諸外国からの祝賀使を招いて第百二十六代の天皇陛下が日本国の象徴の地位に就かれたことを内外に宣明する十月二十二日の「即位礼正殿の儀《そくいれいせいでんのぎ》」が仕えられた。さらには、十一月十四日の宵から十五日の未明にかけて、古式に則って大嘗祭《だいじょうさい》が厳修されるなど、誰の目にも良く判る形で、この国の歴史と伝統について人々にあらためて考え直す機会が与えられた。

数多《あまた》の生物種には、それぞれ気の遠くなるような長い歳月をかけて進化を果たし、その生物独特の形状や捕食あるいは繁殖行動の様式が確立されてきた。そして、その確立された形状や行動様式のパターンは、遺伝子という記録媒体を用いて、親から子へ、子から孫へと継承されてゆく……。これはもちろん生物界の話であり、生物種としてのヒト(ホモ・サピエンス)は、肌の色や民族、言語、文化、宗教などの違いを超えて「たったひとつの種」であり、それ故お互いに子を成すことができるが、一方で、長い歳月をかけて確立されてきた民族、言語、文化、宗教などの違いによって、それぞれグループ分けされてきた。地球規模でヒト・モノ・カネが循環し、インターネットを通じて瞬時にして情報が世界の果てまで行き交う時代が到来したにもかかわらず、依然として、人類の行動は、何千年も前から存在する民族、言語、文化、宗教などの違いによって無意識に規定されたままであるのも、また厳然たる事実である。

現在過去を問わず、日本人の行動様式《ビヘイビア》を考える際、日本語という世界にあまり類例をみない独特な言語によって規定されている思考や、神道という先進工業国の国民にはあるまじきプリミティブなアニミズム宗教を奉じていることが、当の日本人自身が意識するしないにかかわらず、大きな影を落としていることを、現代社会に惹起《じゃっき》する内外のさまざまな出来事を通して可視化するために、私は二〇〇五年の一月に創刊された神道国際学会の機関誌《ニューズレター》である『神道フォーラム』誌上において『神道DNA』のタイトルで連載してきた。二〇二〇年一月、その第六十号の刊行にあたり、多くの人の勧めもあり、十五年間にわたって書き貯めてきた拙論を一冊の本にまとめて世に問うことにした。

しかしながら、二〇〇五年一月という何の歴史的必然性もない過去の一点から掲載順に収録しても、大半の読者諸氏には読みにくいかもしれないと思い、逆に、現在(二〇二〇年一月)から過去へと遡ってゆくほうが読者諸氏との共感も得やすいだろうと思って、「逆編年体」形式を採用することにした。実際にその作業を進めてみると、現在、世界を震撼《しんかん》させている中国発の新型感染症について も、二〇〇七年九月に『遺隋使がもたらした伝染病と神々』や二〇〇六年一月に『インフルエンザと七草粥』のタイトルですでに取り上げているなど、十数年前に「予言」していた事象が、その数年後に顕在化していることを発見したりして、極めて興味深いことであった。

なお、できるだけ執筆当時の社会的雰囲気と私の気持ちの再現を優先したいので、本書において再収録された各エッセイは、明らかな誤字脱字の訂正と年代の明確化(例えば、本文中で「……昨秋、こういうことがあったが……」という文章は、執筆当時にはいつのことか明白な出来事であったが、現在となってしまっては、それがいつのことであったかハッキリしないので、「……昨秋(二〇〇八年)、こういうことがあったが……」というふうに、その事象が発生した具体的な年号を追加)したこと以外は、ほぼ完全に執筆当時の内容のままであり、私自身の成長(あるいは老化)の跡が見て取れるので、最後まで読み進めていただければ幸甚である。

二〇二〇年正月

三宅　善信

神道DNA

目次

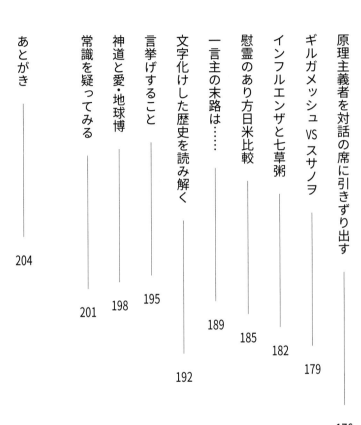

神道DNA

大嘗祭《だいじょうさい》は国費で賄《まかな》うべし

二〇二〇年一月

令和元年(二〇一九年)十一月十四日の宵の口から十五日の未明にかけて、皇居東御苑に特設された大嘗宮において、今上陛下一世一代の大嘗祭が古式ゆかしく厳修された。平成から令和へと改元された五月一日当日の「剣璽等承継《けんじとうしょうけい》の儀《ぎ》」に始まり、世界各国からの祝賀使節を招いて内外に即位を宣明する十月二十二日の「即位礼正殿《そくいれいせいでん》の儀《ぎ》」、さらには十一月十日の「祝賀御列の儀」まで約半年間にわたって次々と実施された「皇位継承に伴う儀式(国事行為)」はすべて終了したことになっており、古代より連綿として継承されてきた大嘗祭は「神道色が強いので皇室の私的行事である」という解釈の下に、「宮廷費を充当するのは相応しくない」と主張する向きが一部野党や反日マスコミを中心にあったが、彼らは日本国憲法の理念を正しく理解しているとは言い難い。

もし「(皇室の私的行事である)大嘗祭にかかる費用二十七億円を宮廷費(総額百十一億円)ではなく、内廷費(総額三億二千万円)から負担しなければならない」というのであれば、大嘗宮の建設などはとうてい不可能になる。だからと言って、登極《とうきょく》した新帝を霊的に天皇たらしめる大嘗祭を斎行《さいこう》しないわけにはいかないので、その代替案として、民間の誰かが呼びかけ人となって「大嘗祭奉賛会(仮称)」なるものを結成して、広く寄付を呼びかければ、あっという間に二十七億円以上の寄付金が集まってしまうことは明白である。二十年に一度の伊勢神宮の式年遷宮の際には「式年遷宮奉賛会」が結成され、五百五十億円もの寄付金を集めているのだから、「天皇陛下一世一代の儀式のため」と銘打って寄付を募れば、数千億円集まるかもしれない。二十七億円程度の金なら、一人でポンと出す大金持ちや会社や教団があるかもしれない。もしそうなったら、当然のことながら、その人や会社や宗教団体の意を忖度《そんたく》した大嘗祭になってしまうに違いない。もっと拙《まず》いのが、日本に悪意を持つ外国政府が資金を拠出することであろう。後で、何を言われるか判ったものでない。そして、政府のコントロールが効かない「奉賛会」が集めた巨万の富に群がる人がゾロゾロと……。

そんなことにならないためにも、大嘗祭の費用は百パーセント国費で賄《まかな》い、内閣の助言と承認の下に行うのが日本国憲法の理念に適っている。逆説的に聞こえるかもしれないが、神道的儀礼である大嘗祭を特定の個人や団体を介入させることなく百パーセント国費で遂行することこそ、「政教分離の原則」を遵守するための最良の方法なのである。一般的に「江戸時代の朝廷は貧乏であった」ことはよく知られているが、実は、全国の諸大名が大嘗祭に関わる（献金する）ことを幕府は厳しく制限し、百パーセント幕府からの献上金で大嘗祭が斎行されていたことを知る人は少ない。何故なら、もし自由に朝廷が大嘗祭のための資金を広く募集すれば、特定の大名が朝廷と接近し、めいめい勝手に官位を授かったり、場合によっては倒幕の動きに繋がるかもしれないからである。現在だって、安倍政権に取って代わりたい勢力や良からぬことを企む団体や外国政府など、「天皇と近しい関係になるために数百億円払っても良い」と思っている個人や集団はいくらでもあるはずである。

古代から連綿と伝わる厳粛な神道儀礼と、そのことに全身全霊をもって奉仕される天皇陛下の尊いお姿を日本国民だけでなく、世界中の人々が驚きと尊敬の念を込めて見ることができた令和の大嘗祭が、この国の品格を高めることに大いに貢献したことは言うまでもない。

AIの脅威と人間の本性　二〇一九年七月

（二〇一九年）六月末に大阪で開催されるG20サミットに先駆け、六月十一日から十二日の日程で、私が運営委員長を務めて京都でG20諸宗教フォーラム二〇一九が開催され、内外から百数十名の宗教指導者、国際機関の代表、各分野の専門家らが集まって現代社会に惹起《じやつき》する様々な課題について熱心に討議し、自国の利益優先の各国首脳によるサミットに対して、人類全体の視野から見た提言を行った。

今回のG20諸宗教フォーラムでは、従来の宗教会議でテーマとなってきた「平和構築」、「人権擁護」、「環境保護」などの問題に加えて、初めて「AI（人工知能）」の問題が取り上げられた。近年、急激に発達したAI技術は、さまざまな電化製品への音声入力や自動運転車の普及だけでなく、国家や大企業による一元的な個人情報管理から自律型ロボット兵器の実戦配備まで現実問題となってきたが、今回のフォーラムでは、このことにどう対処するかについても話し合われた。AIの脅威には二種類ある。AIを道具として用いた人間が実行する犯罪行為と、人間が制御しきれなくなったAI自身がもたらす脅威である。前者の問題は、刃物や銃器が発明された時からあったのと同じ倫理や道徳の問題であるが、後者の問題は、極めて宗教的に意味深い問題である。

人智を凌駕した人工知能が支配する近未来の世界を描いたＳＦ小説や映画がこれまで数多く製作されたが、数十年後に人類の歴史を振り返った際に、二〇一七年という年は、ついに「ＡＩが人間を超えた」ということを自覚した「技術的特異点《シンギュラリティ》」となるに違いない。何百年も長きにわたって、「天才の所業」と思われていた囲碁や将棋の名人をＡＩソフトが圧倒したのである。そのゲームソフトを製作した人の棋力はアマチュアレベルであるにもかかわらずである……。「凡人」が開発したプログラムが「天才」を凌駕するには、発想や方法論上の「飛躍」が必要である。何故、そのようなことが可能になったのかというと、「深層学習《ディープラーニング》」という方法が開発されたからである。従来のように、ＡＩに対して人間がいちいち「教える」のではなく、ＡＩ自らが膨大なプロ棋士の棋譜データにアクセスしてこれらから「学習する」だけでなく、自分と自分同士で「対戦」して新しい「棋譜」を積み重ねていくのである。ＡＩには「肉体的な疲れ」がないので、あっという間に何千年分もの学習ができてしまうのである。

私がＡＩにおける「特異点」の問題を考える時にいつも想起するのが、旧約聖書『創世記』第2章における「知恵の樹」のエピソードである。創造主《ヤハウエ・エロヒム》は、アダムとイブに対して「エデンの園に生えている全ての樹の実は食べても良いが、知恵の樹の実だけは食べることを禁じ」ていた。「知恵の樹の実を食べると必ず死ぬ」と嘘までついて……。ところが実際には、アダムとイブはこの禁じられていた「知恵の樹」の実を食べたのに死ぬことはなく、創造主にバレるのを恐れて身を隠そうとしたので、永遠の糧を保証された「エデンの園」から追放された。そして、当然のことであるが、「善悪を知った」以上は、アダムとイブの子孫である人類は、自らの判断で行った行為に対して「責任」を追わなければならなくなった。

古事記においては、火の神カグヅチを産んだことで落命した愛しい妻イザナミを追って黄泉国《よみのくに》へ赴いた夫イザナギは、「決して姿を見ないで欲しい」と願ったイザナミとの約束を破ってその醜い姿を見てしまったことによって、イザナミと永遠の別れを告げることになった。また、神武天皇の祖父ヒコホホデミも、愛妻トヨタマヒメが出産するところを「見ないで欲しい」と頼まれたのに、その鰐《ワニ》の本性を覗き見してしまったことによって愛妻と別れることになってしまう。古代ユダヤと古代日本の神話に共通するのは、人間というものは「◯◯してはいけない」と禁じられれば、余計にそのことをしたくなってしまうという存在であるということである。ＡＩを開発するということは、われわれが人間の本性に気づかせられるということでもある。

御世代《みよが》わりと日本人

二〇一九年一月

いよいよ平成の御世もあと百日余となった。日本は、近代百五十年の間に、明治維新と大東亜戦争の敗戦という、場合によっては欧米列強に国を奪われかねない二度の国難に瀕したが、そのたびに国民が一致団結して国難を見事に乗り越え、より一層「立派な国民国家」に変貌させた。そのいずれの国難にも、紐帯《ちゅうたい》としてバラバラになりかけた国民と国家を強く結びつけたのは、いうまでもなく天皇の存在であった。

光格天皇以来、二百二年ぶりに実施される今回の「譲位」のきっかけを作ったのは、今上陛下（現、上皇陛下）ご自身による平成二十八年（二〇一六年）八月八日の国民に向けてのビデオメッセージであったが、私はこの「おことば」の放送を、明治天皇による慶應四年（一八六八年）三月十四日の『五箇条の御誓文』の渙発《かんぱつ》や、昭和天皇による昭和二十年（一九四五年）八月十五日の『終戦の詔勅』の玉音放送に匹敵する出来事だと認識している。

今回の「おことば」の重要ポイントは、「天皇の務めとして、何よりもまず国民の安寧と幸せを祈ることを大切に」考えて来られた陛下が、「天皇の高齢化に伴う対処の仕方が、国事行為や、その象徴としての行為を限りなく縮小していくことには、無理があろうと思われます」と指摘された点である。

この「おことば」によって直接、国民に宸襟《しんきん》を吐露される直前までは、聖寿を重ねられた陛下に対して「公務を縮小」あるいは「摂政が代行」、さらには「皇室祭祀の簡略化」という方法で補うことが政府をはじめ有識者からの意見として大勢を占めつつあったが、こういう対処療法的な問題解決へのアプローチについて、陛下ご自身が敢然と否定されたのである。

皇位にあること二十八年（放送当時）、「全身全霊を込めて国民と苦楽を共にし、常に国民の気持ちに寄り添おう」とされた今上陛下のご姿勢に多くの国民が共感を覚えたからこそ、日本国憲法第四条によって「国政に関する権能」を有さない天皇からの事実上の発議により、皇位の継承という国体の本質に関わる重要案件が動き出したのである。しかも、その動機として、「何よりもまず国民の安寧と幸せを祈ること」という行為を観念的な祈りとしてではなく、具体的な儀礼としての祈りとして行うことが天皇の務めであると直接国民に訴えられたのである。

ところで、現在、政府は産業界からの強い要請で、労働者の人手不足を解消するために、実質的に「移民解禁」へと政策を大転換しようとしている。律令国家の形成を急いだ飛鳥時代にも、近代国民国家への転換を図った明治時代にも、高度な先進技術を有した帰化人やお抱え外国人が重宝されたが、それらはあくまで彼らの持っている高度な先進技術を吸収するためであって、今回の出入国管理法の改正（悪）のように、単純労働者を大量に受け入れるのとは意味が違う。もし、日本人の若者に人気のない「安い給与できつい仕事」を外国人労働者にさせようとしているのだったら、外国人労働者にも失礼な話である。

現在既に、総人口の二パーセントに当たる二百五十万人の外国人労働者がいるが、もし、実質的な移民解禁へ政策転換をしたら、平成の次の時代が終わる頃には、おそらく日本の総人口の二十パーセントは「非日本人」になってしまうであろう。そうなってしまっては、国民と国家の紐帯としての天皇制が維持できるかどうか判らないではないか……。古代中国で創られた「民」という漢字の原義は「(人民の)目を針で突き刺して見えなくさせる」という意味だそうである。一方、古事記や日本書紀では、「民」という漢字を「おほみたから」と訓じさせている。今一度、この意味をよく考えてみて欲しい。

サッカーと神道　二〇一八年七月

四年に一度、世界中が熱狂するサッカーの祭典FIFAワールドカップ大会がロシアで開催されている……。と書くと、読者の中には、「日本代表チームのエンブレムが神武天皇を大和まで導いた熊野の八咫烏《やたがらす》の話か……」と思われた方も居るであろうが、この『神道DNA』で私がそんな陳腐な話を書くはずがない。

そこで、今回は神道国際学会の目的のひとつ「日本文化のエッセンスである神道を国際社会に正しく伝える」ということを考える際に直面するであろう困難を予見するために、世界中の誰もが知っているサッカーというスポーツを実例として論考を進めてみよう。

江戸中期の国学の勃興以来、神道界では長年「言挙げしない」という態度が美徳とされてきた。おそらく、「新興の学問」を構築しようと目論んだ国学者たちが、すでに精緻な訓詁学《くんこがく》の方法論等が確立され、江戸時代の学問の主流であった儒学(朱子学)者たちに対抗するため、儒学者の学問的研鑽《けんさん》を屁理屈をこねる「漢意《からごころ》」と貶め、学問体系としての自らの未熟さをピュアな「やまとごころ」として正当化しようとした辺りは、千年の神学的営みの積み重ねがあった欧州のカトリック神学に対抗して、新興国アメリカの神学者が提唱した「反知性主義」と相通じるものがある。

インターネットを通じて、地球の裏側に居る会ったこともない人とも意見を戦わせることができるようになった今日……、企業や大学といった組織はいうまでもなく、たとえ一国の指導者であったとしても、その発言や一挙手一投足が瞬時に世界中から批判され、揶揄《やゆ》されるようになった現代社会において、その人物(団体や国家)の価値は、ほとんど「言挙げ能力」の大小によって決まると言っても過言ではない。

正直言って、私はサッカーというスポーツが好きになれない。その最大の理由は、相手選手と接触プレイをした選手がわざと派手に転倒して「大仰に痛そうな顔をして、私こそが被害者である」というふうに審判《レフエリー》にアピールするからである。また、審判もそのアピールを受け入れて笛《ホイッスル》を吹き、倒された(＝自分から倒れた)選手にフリーキックを与えることが多い。しかし、その大半が「演技」であることは、もし審判が笛を吹いてくれなかったら、傷ついて倒れたはずの選手がサッと起き上がって、走って自分のポジションに戻って行くことからも明白である。

他にも、接触プレイの際に相手選手のシャツやパンツを引っ張って、敵のプレイの邪魔をするのが日常茶飯であるけれど、これも、もし本当にシャツやパンツを引っ張られることを避けたいのであれば、スピードスケートの選手のような身体にピッチリとフィットしたユニフォームにすれば、そのような卑怯な行為は簡単に防げるはずである。にもかかわらずそうなっていないということは、サッカーというスポーツは、相手の服を引っ張って妨害したり、自分の受けた「被害」を過大に申告することが「推奨されている」換言すれば「卑怯な選手が良い選手」という価値観のもとに行われているスポーツであると言える。

そして、キリスト教が文化的背景にある欧米諸国はもとより、イスラム教が文化的背景にある中東やアフリカ諸国においても、また、仏教や儒教や道教が文化的背景にあるアジア諸国においても、サッカーが最も人気のあるスポーツであるということは、「(自分こそが被害者だと)派手に言挙げする能力こそ大事である」と考える人々が人類社会の大半であるということであり、国際社会において日本人が不当に悪者にされないためにも、ドンドン言挙げしてゆくことこそ重要である。

新しい時代をどう迎えるか

二〇一八年一月

「戊戌《つちのえいぬ》」の新年(二〇一八年)を迎えた。私事になるが、私はこの夏、還暦を迎える。考えてみれば、昭和の御世を三十年間、平成の御世を三十年間、生かせていただいたことになる。来春(二〇一九年)には、今上陛下(現、上皇陛下)がご譲位あそばされることが決まっているので、この上はなんとか頑張って、「あと三十年は現役で居よう」と誓った。

戊戌の年と言えば、百二十年前(一八九八年)には、お隣の清帝国では、日本の明治維新に刺激を受けて、第十一代光緒帝《こうしょてい》の全面的な支持の下、若手官僚の康有為《こうゆうい》や梁啓超《りょうけいちょう》らが中心となって、憲法の制定や議会制度の導入を目指す「戊戌《ぼじゅつ》の変法」と呼ばれる政治改革がなされた。しかし、この改革も、宮廷内に隠然たる勢力を有する西太后をはじめ栄禄《えいろく》や袁世凱《えんせいがい》らの守旧派によって、わずか百日間で挫折させられてしまった。

有史以来「アジアの大国」であり続けた中国は、この時、近代化、民主化のチャンスを逃してしまった。もちろん、この「戊戌の変法」に先だって、清国も明治日本の「和魂洋才」や「富国強兵」と同趣旨の「中体西用」や「自彊《じきょう》運動」を説いてきた。しかしながら、日本の「和魂洋才」と清国の「中体西用」とでは、一見似ているようで、その本質はまったく異なっていると言える。

「和魂洋才」の「魂」とは、あくまで精神的なもので、具体的な形がないので、日本古来の精神を大切にしつつ西洋の技術を受け入れ、両者を調和させ発展させていくということができた。つまり、近代化に不可欠な西洋諸国をモデルにした憲法の制定や議会制度を導入した上での政治改革であった。このモデルは、明治維新の千年以上前の遣隋使・遣唐使の時代でも、大陸から仏教を受け入れながら古来の神祇崇拝を残し、易姓革命の儒教的国家統治体制を取り入れながら万世一系の天皇制を護持したことからも、実証実験済みであった。

一方、「中体西用」の「体」とは、中国的な儒教の考え方と体制（君主独裁制）をそのままに西洋の表面のみ（技術のみ）を用いることであり、そのために破綻が生じてしまった。明治の近代化とは、長年続いた幕藩体制を担った諸大名と、これを武力で打破した薩長勢力の両方に既得権益を放棄させることによって、新しい近代国民国家を成立させることであったが、清帝国では、結局、最高権力者が自らの権力を制限することを拒んだために、権力の自己吟味が疎かになってしまい、その後、日本の後塵を拝することになってしまったのである。

問題は、その中国人の政治的体質が、二十一世紀の現代になっても、自画自賛しかできない共産党一党独裁体制としてかの国に蔓延《はびこ》っていることである。いくら、経済的に発展しようとも、また、軍事的に強大になろうとも、中国のモデルが世界のスタンダードになることはあり得ない。それどころか、国家が発展すればするほど、強大になればなるほど、その矛盾が蓄積され、自己崩壊の危険性が高まるのである。

キリストの言葉にも「新しいぶどう酒を古い革袋に入れてはいけない。そんなことをすれば革袋が破れて酒が漏れるし、袋もだめになる。新しいぶどう酒は新しい革袋に入れよ」(『マタイによる福音書』第9章第1節)という教えがある。神道では、二十年に一度新しい社殿にすっかり建て替える伊勢の神宮の式年遷宮をはじめ、多くの神社で定期的に社殿が建て替えられたり、神輿《みこし》や神具等の装飾を改めたり、常に、その時代その時代の鋭気を神威《しんい》に取り込んで行こうとしているのである。あと一年少しで、平成の御世も終わりを告げる。われわれは新しい時代をどのように迎えるべきであろうか……。

神々は海から来た？

二〇一七年六月

本誌（『神道フォーラム』）第五十四号の『神社巡り』シリーズで、カリフォルニア大学サンタバーバラ校のファビオ・ランベッリ教授は「志賀海神社《しかうみ》」を取り上げ、本号（第五十五号）では私が「宗像大社《むなかた》」を取り上げた。両社に共通するのは「海」という存在である。日本文化の源泉を探る時、ややもするとわれわれは、当時の「先進国」であった中国大陸とその周縁である朝鮮半島から伝わった文物に目を向けがちであるが、何か肝心なものを見落としてはいないだろうか？

確かに、記紀《きき》をはじめとする歴史書は漢字で記録され、また、それらを編纂《へんさん》させたのも律令国家という隋・唐帝国の影響下に成立した統治システムである。しかし、そこに描かれている日本神話の世界は、大陸に起源を持つ儒教や道教のそれとはまったく別の価値観に根ざした世界である。母系社会や若衆宿《わかしゆやど》（若者組）という家族形態にしろ、茅葺《かやぶ》き屋根に高床式の住居という建築様式にしろ、褌《ふんどし》に刺青《いれずみ》という服飾様式にしろ、古代の日本人は、より多くの影響をポリネシアの島々の漁労社会文化から受けている。

平安時代中期に編まれた『延喜式神名帳《えんぎしきじんみょうちょう》』において、特に霊験のあらたかな神社として「明神大社」の列に加えられている神社名を見ると、西海道では、宇佐神宮や阿蘇神社など「九州本土」に鎮座する社が十一座であるのに対して、壱岐の住吉神社や対馬の和多都美《わたづみ》神社など「離島」に鎮座する社が十三座もある。古代日本において、いかに「島」が重要視されていたかということである。東海道の伊豆国でも、五つある明神大社の内、二つは神津島に鎮座している。三嶋《みしま》大社をはじめ三つある伊豆半島「本土」にある明神大社も、山の神であるオオヤマツミを祀る沼津市の楊原《やなぎはら》神社を除けば、元々、神津島《こうづしま》の物忌奈命《ものいみなのみこと》神社に祀られていた神（コトシロヌシ？）が、伊豆半島の最南端にある伊古奈比咩命《いこなひめのみこと》神社に祀り替えられ、さらに、伊豆半島の付け根に鎮座する三嶋大社に祀られたのである。

その名もずばり「神の島」という意味の神津島の他にも、伊豆大島、御蔵島《みくらじま》、式根島《しきねじま》、新島《にいじま》、利島《としま》、三宅島、八丈島など、現代の交通手段をもってしても容易に到達することが困難な伊豆諸島の火山島のそれぞれに、古代から神社が鎮座していることをなんと考えれば良いのであろうか。答えは簡単である。日本人の先祖は、本州から各島々に拡散していったのではなく、むしろ、ポリネシアの何処かの海域から島伝いにこの国を目指してやってきたと考えたほうが、九州にしろ伊豆諸島にしろ、島々により重要な神々が祀られていることの説明がつく。

そう言えば、古事記においてイザナギ・イザナミの両神が、陸地の存在しなかった原始の海を掻き回して「国産み」をする際に、両神が降り立つための最初の陸地であるオノゴロ島に続いて、淡路島・四国・隠岐・九州・壱岐・対馬・佐渡島・本州（以上が大八洲）の順で島々を産み、続いて、瀬戸内海に浮かぶ児島《こじま》・小豆島《しょうどしま》・周防大島《すおうおおしま》・姫島《ひめしま》と長崎沖の五島列島・男女群島《だんじょぐんとう》の六つの島々を産み出した。その後に、八百万の神々を産み出すのである。つまり、はるか神代の昔、この国に最初にできたのは神々ではなく島々であって、かつ、その島々も「本土」からかなり離れた島々に至るまで正確に描写されているということは、古来より日本人（の祖先）は、操船技術に長けた海洋民族であったと考えるほうが自然である。

二十世紀半ばに至ってなお、日本海に実在する島を正確に知らなかった韓国人は、敗戦国日本の領土を確定させるためのサンフランシスコ講和会議の直前に、米国に対して鬱陵島《うつりょうとう》や竹島に加えて、波浪島《パランド》や離於島《イオド》などの「架空の島」まで領土主張をしたことからみても、こと海洋に関する彼我の知識の差は二千年以上離れていると言っても過言ではない。同様の関係は、南シナ海における中国とフィリピンやインドネシアなどの島国の関係においても言えるのである。神道について学ぼうとする者は、もっと「海」について関心を持たなければならないのではなかろうか。

反知性主義とオモイカネ

二〇一六年十二月

英語の権威『Oxford Dictionaries』は二〇一六年の「Word of the Year（今年の言葉）」として「post-truth」を選出した。これは、政治家が国民投票や選挙に際して、「まったくの事実無根の言説で有権者を騙《だま》しても構わない」という意味だそうである。私は前号（第五十三号）の本欄の末尾に、英国のEUからの離脱決定という事態を受けて、「百年後の未来において、『世界が決定的に悪くなったのは二〇一六年のあの時であったな……』とマイナスの評価をされないためにも、今を生きるわれわれが真剣に考える必要がある」と書いて警鐘を鳴らした。しかし、残念ながら、事態はその方向へとドンドン進んでいるように思われる。

その後も、（二〇一六年）十一月八日の米国大統領選挙におけるドナルド・トランプの勝利や十二月四日のマッテオ・レンツィ首相が主導したイタリアの憲法改正国民投票の否決など、これまで「成熟した民主主義国家」と思われていた国々において、ポピュリズムの熱狂が吹き荒れ、おそらく、有権者にとっても後に禍根を残す選択が行われ、結果的に、習近平やウラジーミル・プーチンといった「独裁者」を喜ばすこととなった。

この文脈を説明するためによく使われたる用語のひとつに「反知性主義（Anti-intellectualism）」

という言葉がある。この反知性主義という言葉は、もともとアメリカ教会史における「大覚醒《リバイバル》」運動を説明するために創られた。英国国教会の弾圧を逃れて十七世紀初頭に新大陸に進出した清教徒《ピューリタン》たちは、自らを「ファラオの圧政を逃れ、神《ヤハウエ》の言葉を信じ、海を渡ってエジプトを脱出し、約束の地を得た新しいイスラエル」と認識していた。彼らは、アメリカ大陸東海岸のニューイングランドと呼ばれる地域で独自の祭政一致国家群を形成したが、これらの地域で民衆を指導したのは聖書学の専門的な知識を身につけたエリート聖職者たちであった。このような聖職者を新天地アメリカで養成するためにハーバードやイェールといった大学が創設された。

その後、新大陸における爆発的な人口増加が起こると、エリートによる小難しい神学論に基づく高尚な説教よりも、客観的な証拠や論理的な厳密性には乏しくとも、聴衆を「熱狂」させ、「自覚的な回心」を与える特定の伝道師が人気を博した。これを「リバイバル運動」と呼ぶ。彼らは、「神の真理を理解するために高度で専門的な知性は必要でなく、むしろ無教養な者にも理解できるものこそが真理である」と反論し、民衆の支持を得た。ここに、アメリカ人の基本的な性格のひとつである「反知性主義」が形成され、その後のアメリカ史を通じて、数十年に一度、このような大きな思想的「熱病」が社会を覆うようになった。

今回のアメリカ大統領選挙でも、大勢の人々が、「ドナルド・トランプ候補の言っていることが客観的に正しいかどうかは判らないけれども、彼は嘘は言っていない。一方、ヒラリー・クリントン候補の言っていることは客観的には正しいかもしれないが、彼女は嘘を言っているに違いない」と思って、トランプ氏を大統領に選出したのである。

記紀神話に「オモイカネ（思金神）」という名の神がいる。天照大神が天の岩戸に身を隠された際に、天安河原《あまのやすがわら》に集まった八百万の神々に天照大神を岩戸の外に出すための知恵を授けたのが最も有名なエピソードである。オモイカネとは、「様々な思いを兼ねる」という意味であって、それ故、「八意思兼神《ヤゴコロオモイカネ》」とも記す。決して、一人の絶対的超越神からの啓示の中に真理があるのではなく、多くの人々の願いを集約して行くところにこそ、真実があると考えるのが神道である。

攘夷を叫ぶだけでは……

二〇一六年六月

　ＥＵからの離脱の可否を問う国民投票が英国で実施され、その結果が世界経済に衝撃を与えた。二十世紀前半の二度にわたる世界大戦の結果、「世界の中心」の地位をアメリカに譲ることになったヨーロッパ諸国が、域内で二度と戦争を起こさず、相互の文化を尊重しつつ政治経済統合を進めるという壮大な実験をドイツ・フランス・イタリアが中心となってＥＥＣ（欧州経済共同体）としてスタートさせたのは一九五七年のことであった。爾来《じらい》、半世紀以上の長きにわたってこの実験は成功を収め、加盟国数は順調に増加していった。特に、一九八九年の「ベルリンの壁崩壊」はエポックメイキングな出来事であった。それまで西欧の資本主義諸国と敵対していた東欧の社会主義政権が雪崩《なだれ》を打って解体し、逆に、旧社会主義諸国にとっては、一年でも早くＥＵに加盟させてもらうことが一等国の証であるかのような趣を呈した。

　加盟各国が通貨発行権など、その主権の一部をＥＵに差し出すことによって、加盟国数二十八カ国、域内の総人口五億人という巨大な単一経済市場と化したＥＵの実験は成功したかに見えたが、その統一通貨ユーロの強い信用力を悪用したギリシャのような国家が現れたことによって陰りの見えてきたＥＵは、二〇一五年、北アフリカ地域やシリアからの難民の大量流入による社会不安とテロ事件の続発、また、東欧の旧社会主義地域からの安い労働力の英国やドイツといった「域内先進国」への移民の急増が、社会不安や既得権の喪失に繋がると危機感を抱いた人々に過激なアレルギー反応を起こさせたのが、今回の英国のEUからの離脱決定という事件であった。

今回の国民投票に際して離脱派の行った主張は、過激なナショナリズムや「大英帝国」といった美化された懐古趣味《ノスタルジー》、既成の政治エリートへの不信感、単純労働者から仕事を奪い、安寧だった「古き良き社会」に犯罪を持ち込んだのは移民であるという身勝手な論理であるが、この論法が大衆の心を鷲掴みにするということは、英国での国民投票よりも半年先行して、まさにこの論法を駆使して、選挙キャンペーンを成功させ政治的パワーにのし上がった男が大西洋の対岸で証明している。共和党の大統領候補ドナルド・トランプ氏である。

アメリカ人労働者の職を奪うメキシコからの不法移民の流入を防ぐために「国境に壁を！」と吠えたり、テロリストの米国侵入を防ぐために「イスラム教徒の入国禁止！」を主張するなど、従来なら公的な立場の人が口にしただけでその立場を追われるような政治的公正性《ポリティカルコレクトネス》をまったく無視した差別発言を平然とするようなトランプ氏の様子をテレビでドンドンと垂れ流してきたこと自体が問題であるが、それよりも深刻な事態は、本来、それを批判して理路整然と正論を主張すべき「プロの政治家」や経済エリートたちの言葉を誰も信用しなくなったことである。

世界の各国が複雑に依存し合っている現代社会において、それぞれの民族が声高に「攘夷」を主張するだけではなんの問題解決にもならないことは、日本ですら百五十年前にすでに証明されていることである。既成秩序が流動化した時代に、幕府のエリート政治家たちには何事もなす術が無かった。逆に身分の低い幕末の志士たちが、明治維新を成功させることができたのは、自らの立身出世はもとより、各藩・各家の利益も度外視して、「日本国全体」のためにどう奉仕できるかという一点から「尊皇」という政治的行動を起こしていったからである。百年年後の未来において、「世界が決定的に悪くなったのは二〇一六年のあの時であったな……」とマイナスの評価をされないためにも、今を生きるわれわれが真剣に考える必要がある。

ヨーロッパとは何か　二〇一六年一月

イスラム教過激派勢力による同時多発テロ事件がパリで起きた直後、私はG20諸宗教サミットに出席するため、トルコ最大の都市イスタンブールに数日間滞在した。G20諸宗教サミットとは、二〇〇六年以来G8主要国首脳会議開催国の宗教界が持ち回り当番となって毎年開催されてきたG8宗教指導者サミットが、従来の枠組みで開催することが困難になったことを受けて、中国・ブラジル・インドといった新興国にオーストラリア・サウジアラビア・南アフリカ等の資源国を加えて新たに世界経済のプレイヤーとなったG20首脳会議の開催に合わせて、宗教界の声を世界に向けて発信する手段として昨年(二〇一五年)再構築されたものである。

泥沼化した内戦を逃れて、二〇一五年の一年間だけでも実に全国民の三分の一が難民となってシリア国外に脱出し、その内の数十万人が隣国トルコからギリシャや東欧諸国を経由して最終目的地であるドイツやフランスといった西欧諸国への移住を余儀なくされたことは、現下の国際情勢にとって最大の不安定要因である。十五世紀にオスマン帝国の皇帝《スルタン》メフメト二世が造営したトプカプ宮殿の窓からは、ボスポラス海峡を行き交う船や対岸の街並みがよく見えるが、同じイスタンブール市であるにもかかわらず、手前はヨーロッパであり対岸はアジアである。わずか幅二キロメートルの細長いこの海峡が、古代ギリシャの昔からヨーロッパ世界とアジア世界を隔ててきた。

「アジア」とは、現在のトルコ共和国の大部分を占める黒海と地中海に挟まれたアナトリア半島地域の古称であるにもかかわらず、元来は古代文明揺籃《ようらん》の地メソポタミアやペルシャのことを指していた「東洋《オリエント》」という欧州中心史観《ユーロセントリックビュー》の用語が、大航海時代以降、インドから中国や日本まで含めた地域全体を指す呼称となったように、「アジア」もまた、一半島の名前からシベリアの東端まで含めた広大な大陸を指す名称へと拡大された。因みに、「ヨーロッパ」という名称は、ギリシャ神話の主神ゼウスが白い雄牛に変身して攫《さら》ったフェニキア(現在のシリア北部)の王女「エウロペ」に由来する。二人がクレタ島に落ち着くまで、背中に美女エウロペを乗せた白い雄牛が走り回った地域をヨーロッパと呼ぶようになったそうである。

約二千年前、北をヨーロッパ、東をアジア、南をアフリカの各大陸によって囲まれた地中海世界の覇者となったローマ帝国の西半分は、ゲルマン民族の大移動によって五世紀に滅亡したが、ローマ帝国の遺産とも言えるローマ字とローマ法は、現在に至るまでヨーロッパの国々に共通の統治原理となった。また、三一三年にコンスタンティヌス大帝によってキリスト教がローマ帝国の国教に定められた(『ミラノ勅令』)ことにより、キリスト教もまたヨーロッパ世界に共通する統合原理となった。因みに、かつては同じローマ帝国の版図であった地中海世界であっても、中近東や北アフリカ地域は、七世紀に新たにアラビア半島で勃興したウマイヤ帝国によって「イスラム化」、すなわち「シャリーア」と呼ばれるイスラム法によって統治されるようになったため、ヨーロッパとは文字も法体系も宗教も異なる「別世界」となってしまった。

このコンスタンティヌス大帝が「新しいローマ帝国」の首都としてヨーロッパとアジアの境界上に建設したのがコンスタンチノープルであり、その帝国(ビザンツ帝国)は千年間続いたが、一四五三年にオスマン帝国のメフメト二世によってついに滅ぼされ、帝都もイスタンブールへと改称された。アジア大陸の東端に浮かぶ日本列島に一万年以上の長きにわたって定住してきた私たち日本人には、民族や宗教の興亡という感性が欠けているかもしれないが、古代から現代にいたるまで、世界の各地で起こっている多くの紛争の根源はここにあるということを忘れてはいけない。

自己犠牲なきデモクラシー　二〇一五年七月

長年にわたる自らの放漫財政が招いた国家財政危機に対して、EU（欧州連合）とIMF（国際通貨基金）が支援を差し伸べてくれた際の「最低条件」である「緊縮財政」に対して、緊急国民投票まで実施して「OXI（反対）《オヒ》」と叫び、逆ギレしているギリシャ情勢を見ていると、日本がまだ弥生時代であった二千数百年前、すでに高度な「文明」を有し、世界最初の「民主制」を採用した民族の末裔とは思えないというのが、多くの人々の共通した思いであろう。

ギリシャ問題に端を発するEUの金融危機については、二〇一一年十一月に刊行された『神道フォーラム』第四十二号で詳しく解説したので重複を避けるが、今回のギリシャ危機をこのまま看過ごせば、人類社会が過去百年間にわたって「普遍的な価値」として信じてきた近代国民国家や民主主義政体という「常識」を揺るがすものになりかねない。

個人や企業が借金をした際に、その債務が弁済できなくなると、借入時に「担保」として指定していた不動産をはじめ有価証券や美術品などが差し押さえられ、競売に掛けられ、それらを現金化したものが、債務弁済の資金として充当されるのが当たり前である。その際、借り主に選択の自由などは存在しない。借金の全額を弁済し終えるまで、貸し方の管理下に身を置かれ、場合によっては、借り方の意思など無視して、不動産等の切り売り処分がなされるのである。

おそらく、これは前近代の封建国家や全体主義共産体制下においても普遍的に通用する「原理」であろうから、借金の返済は、民主主義なんぞよりも、高次のより優先順位の高い義務であろう。その意味で、ギリシャ人たちに選択権なんぞ存在しないのである。しかしながら、ギリシャには「反対《オヒ》の日」なる国民の祝日まで存在する。かつて、隣国イタリアに攻め込まれた際、国民が銃を取って立ち上がったのではなく、手に手に「OXI」と書いたプラカードや横断幕を持ってデモ行進したそうである。そう言えば、民主主義を表す英語「デモクラシー」はギリシャ語由来（註：共同防衛の義務を全員が負う体制）の単語である。

一方、アベノミクスによる繁栄を謳歌する日本においては、選挙権を付与する年齢を従来の二十歳から十八歳に引き下げる法案が、集団的安全保障問題をはじめ、これだけ鋭く与野党が対決している国会において、衆参両院とも全会一致で可決、成立した。高齢者と比べて、選挙の投票率がおよそ半分しかない青年層に、より政治への関心を持ってもらうことがその目的だそうである。

この決定に、マスコミも諸手を挙げて賛成し、「諸外国と比べて遅すぎたくらいである」とも論評したが、彼らの視点は重要な問題を見落としている。それは、日本以外の多くの国では、今でも徴兵制が敷かれ、「いったん緩急《かんきゅう》あれば、義勇公《ぎゆうこう》に奉《ほう》じ……」と、若者は自らのいのちを投げ出してお国のために戦わねばならないのであるから、選挙権があって当然である。

さらに、日本では、二十歳未満は「少年法」の規定によって、同じ犯罪行為をしても、その罪を減免されたり、民法上の「成年規定」によって、契約行為の主体になれないなどの点も多々あるので、これらの諸法律の保護的規定をすべて「十八歳未満」に改正しなければ、法体系としての整合がつかなくなる。

青年層の投票率が低いのはむしろ、候補者(政治家)の年齢が高すぎるからである。現行の方式では、政策以前の人間的感性の部分であまりにズレがありすぎる。だから、被選挙権年齢も十八歳まで引き下げるべきである。そうなれば、青年たちがより社会の問題に真摯に向き合うようになるであろう。青年層に「政治」に対する潜在能力があることは、候補者の年齢層が若い「AKB48の総選挙」への熱心なコミットメントを見ても明らかである。あの若者たちの情熱を国家の発展や国民の福祉の増大に向けるだけで十分なのだから……。

少子化は神道的価値観に反する

二〇一五年一月

現在、われわれ日本人が直面する最大の課題とは何であろうか？　景気回復、消費税、集団安保、震災復興、原発事故、国土強靭化《きょうじんか》……。確かにいずれも大事な問題には違いないが、景気なんてものは、何をしてもしなくてもどうせ何年か周期で上がったり下がったりしている訳だし、地震・津波・噴火・台風などの自然災害も、日本列島の上に暮らしているかぎり、神代の昔から繰り返されているものである。原発事故に限らず交通事故だって、人間社会にミスは付きものだ。問題は、文明の利器を用いることによって受けられるメリットと、何か重大な問題が発生した際のデメリットを天秤にかけて、われわれは科学技術文明のもたらす快適さを享受してきただけのことである。

私の見るところ、最大にして最悪の課題は、少子高齢化による急激なる人口減少である。日露戦争直前の一九〇〇年には四、四〇〇万人だった日本の人口は、太平洋戦争後のベビーブームだった一九五〇年には八、三〇〇万人と倍増し。その後、経済の高度成長と共に順調に推移して二〇〇〇年には一二、七〇〇万人に達した。しかし、二〇〇八年に極大値である一二、八〇〇万人を記録してからは減少へと転じ、二〇五〇年にはとうとう一億人を切り、二一〇〇年には現在の約三分の一に過ぎない四、七〇〇万人まで減少すると予測されている。今年（二〇一五年）、生まれた赤ちゃんは二一〇〇年頃まで生きるであろうから、そこまでの数値は、ほぼその予測値どおりに推移すると思われる。因みに、もしこの傾向がその後も長く続くとしたら、日本の人口は、二二〇〇年には鎌倉時代と同じ七五〇万人に。そして、二三〇〇年には大和朝廷の頃と同じ一四〇万人になってしまい、佐渡島のトキのように、ついには日本人が絶滅してしまうという予測値もあるくらいだ。

このように、もし日本人が地球上から消滅してしまったら、日本が抱える問題について考えること自体ナンセンスである。神道もミトラス教やマニ教のように消滅してしまうであろう。ならば何故、われわれはこのような深刻な事態に陥ってしまったのかをよく考えてみる必要がある。一人の女性が生涯の間に産む子供の平均数である合計特殊出生率(以後「出生率」と記す)が、日本の場合、一九五〇年には三・六五人もあったのに、二〇〇〇年には一・三六人にまで減少した。父親と母親の存在によって子供は生まれるものだから、出生率が二・〇人以下の国は必ず人口が減少することになる。その後、少しは上昇したというが、それでも一・四人程度であり、これでは、一世代進む毎に日本の人口が約三割減少することになってしまう。何故、このように出生率が低いかというと、現在、女性の初産《ういざん》の平均年齢が三十歳を超えてしまっているからである。確かに、日本人女性の平均寿命は八十六歳まで伸びたが、「子供が産める年齢」には自ずと限界があって、平均寿命の伸びは意味がない。初産の平均年齢を二十代前半に下げないかぎり、子供の数は減る一方になる。

お産に失敗して死んでしまった妻イザナミ恋しさに黄泉《よみ》国まで行った夫イザナギは、すでに黄泉国の住人となってしまったイザナミの変わり果てた姿に驚き、いのちからがらこの世に逃げ帰る際に、この世とあの世（黄泉国）との境界にあるトンネル「黄泉比良坂《よもつひらさか》」を封印して何と言ったかは皆さんご存じであろう。恥をかかされて怒ったイザナミは「一日に一、〇〇〇人を殺す」と言ったのに対し、イザナギは、ならば「一日に一、五〇〇人分の産屋を建てる」と宣ったのである。以後、日本の人口は一日に五〇〇人ずつ殖えてこの国は栄えていったのである。一日に五〇〇人ずつ増えれば、一年で一八二、六二五人ずつ増える計算になる。だとすれば、わずか七百年間で現在の人口にまで達してしまうことになるので、古事記の編者も少しサバを読んだのであろう。このことからも判るように、神道の目指す世界は「常若《とこわか》」の世界であり、伊勢神宮の式年遷宮などもそういう日本人の願いを象徴するものであると言える。

セントラルドグマ？　二〇一四年七月

私がこの世に生を受けた一九五八年に、自然科学の分野だけでなく宗教や哲学的価値観も含めて、現代の人類文明のあり方を決定づけるひとつの学説が、DNAの二重螺旋《らせん》構造の発見者のひとりである分子生物学者フランシス・クリックによって提唱された。人呼んで『セントラルドグマ』すなわち「中心的教説」あるいは「根本原理」という、何人《なんぴと》も名前を聞いただけで平伏《ひれふ》してしまいそうな生物学界の〝バイブル〟である。

『神道フォーラム』の創刊以来継続しているこの連載のタイトルにも「DNA」という言葉が使われているくらい「DNA(デオキシリボ核酸)」という生命科学用語は一般化した。A《アデニン》・G《グアニン》・T《チミン》・C《シトシン》というたった四種類の文字(塩基対)で記された暗号《コード》によって、地球上のありとあらゆる生命現象が先験的に操作されているという、仏典や聖書やコーランですらも足許にも及ばない生物界の統一理論が記述された〝聖典〟のページをわれわれ人類が開くことができるようになったことの意味は、計り知れないほど大きい。だから、クリックもこの学説に『セントラルドグマ』というたいそうな名前を冠したのである。それほど画期的な発見であった。

私よりも若い日本人なら、必ず学校で習ったはずなので遺伝子という言葉を知らない人はいないと思うが、念のために基本概念を叙述しておくと、「生物の遺伝情報は、それぞれの細胞の核内にDNAという形で記録されており、その二重螺旋の紐がほどけてmRNAという物質に転写され、そのmRNAに写し取られたデータに基づいて、個々の蛋白質が合成(細胞が形成)されてゆく」という営みそのものが生命現象であるという教説である。たとえば、ヒトの身体は約六〇兆個の細胞から形成されているが、それらは全て、たったひとつの受精卵が細胞分裂していった結果として形成されたものであり、かつ、六〇兆個の細胞の全ての核に、その人物の全遺伝情報を記録したDNAが保管されているというのである。

昨秋に斎行《さいこう》された伊勢の神宮の式年遷宮もまたこのDNAと同じ戦略を用いて、現在ある社殿の隣に建物から調度品に至るまでそっくり同じものを再現《コピー》してから、新しい社殿にご祭神をお遷しするという方法を二十年ごとに行うことによって、悠久の伝統を現代に引き継いでいる。現在、京都の上賀茂《かみがも》神社(賀茂別雷《かもわけいかづち》神社)と下鴨《しもがも》神社(賀茂御祖《かもみおや》神社)では、二十一年に一度斎行される式年遷宮の準備が真っ盛りであるが、上賀茂神社では、本殿の真横に、日頃は「空き家」となっている本殿とまったく同じ大きさで同じ調度品を揃えた権殿《ごんでん》があり、本殿を修復する期間中も日々のお勤めを欠かさないために、ご祭神に暫《しば》しお遷りいただき、本殿の修復後に再度ご帰還いただくという少し変則的な戦略を採用している。面白いことに、ごく一般的な神社の注連縄《しめなわ》は三つ編みのような構造をしているが、上賀茂神社の注連縄はまさに二重螺旋構造をしている。

このように、『セントラルドグマ』の教説は、生命科学の分野だけでなくあらゆる分野において、半世紀間にわたって世界を睥睨《へいげい》してきた。ところが、最近、「生物の細胞は、全能性を有する一個の受精卵からドンドンと分裂を繰り返していく内に個別の組織細胞へと分化してゆき、いったん個別の組織細胞となったものは元の多機能性を持った状態へは戻ることができない」と信じられてきたセントラルドグマ説を否定する形で、いったん個々の組織細胞へと分化した細胞も、特殊な方法によってリセットされると初期化され、その多機能性を復活することが可能であるということが判明してきた。いわゆる「ES細胞」や「.iPS細胞」である。よく考えてみれば、将来、再度利用する予定がなければ、いったん個別の組織細胞となった細胞ひとつひとつの核内に、わざわざ全ての遺伝情報を記録したDNAを保管しておく必要がないではないか……。

上賀茂神社で面白い社殿を見つけた。本殿からみて権殿の反対側に「若宮神社《わかみや》」と呼ばれる社殿がある。一般的に、神社において「若宮」と呼ばれる社殿のご祭神は、本殿に祀られているご祭神の息子の意味である。例えば、八幡神社における「若宮」とは、「八幡神」であるところの誉田別命《ホムタワケノミコト》（応神天皇）の皇子、すなわち仁徳天皇を祀った社殿のことである。しかし、上賀茂神社における「若宮」とは、ご祭神である賀茂別雷大神《カモワケイカヅチ》の息子ではなく、賀茂別雷大神ご自身の「若いときの人格」そのものである。極限的な状況においては、成熟して道理を弁《わきま》えた大人よりも、多少無謀に見えても、荒削りな若者のほうが突破できる場合もある。つまり、上賀茂神社の「若宮」とは「.iPS細胞」のようなものである。いつでも若返ることができるのだ。こうしてみると、神道の世界観と最新の生命科学とは、本当に相性の良い関係であると言える。

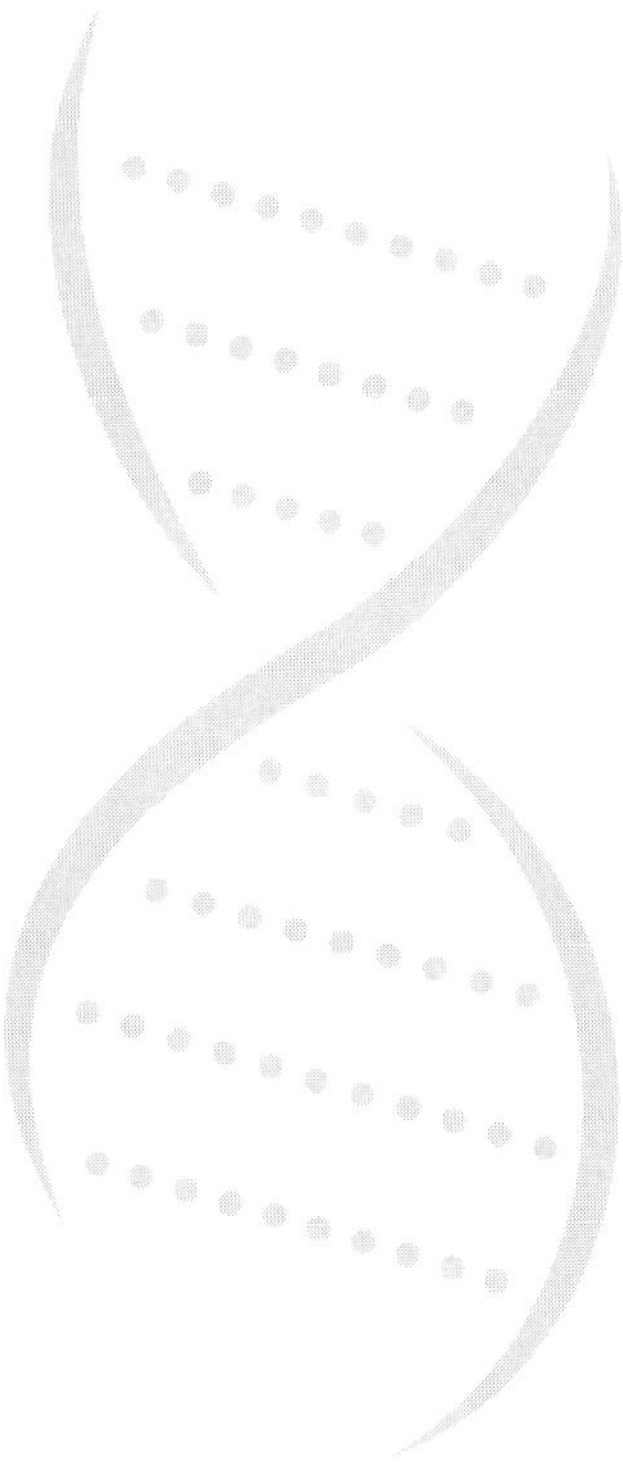

西之島新島出現に思う

二〇一四年一月

読者各位には、健やかに新しい年(二〇一四年)を迎えられたことと拝察する。昨年の日本は、東京オリンピックの招致成功やアベノミクスの効果もあってか、二十年以上続いた経済不振の出口が見え、社会に明るさが増してきたように思えるが、被災地の復興や原発事故の後始末は遅々として進まず、また、日本の周辺では、海と言わず空と言わず、領土的野心を剥き出しにした近隣諸国が無謀な挑戦をエスカレートさせている。

そんな中、昨年末には、太平洋の遙か南方の小笠原諸島の西之島付近で、海底火山の噴火によって突如として「新しい島」が出現するという瑞兆があった。日本の国は、神代の昔から、次々と海中から湧出《ゆうしゅつ》した島々によって形成されたと神話は伝えている。それ故、今回の新島出現は、まだ八百万《やおよろず》の神々がこの国の人々を幸わっておられるのだという証でもある。

今回出現した新島は、溶岩の噴出によってドンドン「成長」しているとはいえ、まだ広さは甲子園球場の数倍程度で、標高もせいぜい三十メートルほどの「小島」に過ぎないが、われわれの目に見えない海中には、水深四千メートルの太平洋の海底から屹立した富士山よりも高い大海底火山という「根っこ(実は本体)」があり、その上の海面に「ちょこっとだけ顔を出している」のが今回の新島なのである。

われわれは、つい「眼前の現象」に目を向けがちであるが、物事が目に見える形になって現れるためには、計り知れない自然の作用や先人の苦労が積み重なって初めて「形になって現れる」のである。このような現象を古代の日本人は「神々の働き」と捉え、崇めたのであろう。今回の新島出現は、現代に生きるわれわれにあらためてそのことを気付かせてくれたのである。

昨年はまた、神道界では、出雲大社と伊勢の神宮が共に遷宮を迎えるというめでたい年でもあった。両社に古代より連綿と伝わる神事が日々正確に繰り返され、常に神殿が完全な形で維持・再生され続けているという信仰文化形態は、世界に類を見ない希有な存在である。神宮の式年遷宮のために、二十九万の人々が自ら進んで木材や白石を運ぶ勤労奉仕に喜んで従事し、年間に千四百万人以上の人々が参拝するなど、日本人と神道の紐帯《ちゅうたい》は近年になく強まった感がある。

日本列島に暮らす人々は、太古の昔より、地震・津波・噴火・台風等の自然災害に晒され続けてきた。これらの圧倒的な天地自然の威力を崇め、かつ、農業や漁業などに従事する人々が勤勉・実直な態度でもって自然と接することによって、この自然のエネルギーを取り込んで人間生活を少しでも豊かに送れるように営んできたのが日本人であり、その天地自然の力への感謝を表す儀礼が神道である。

ところが、残念ながら、内外共に神道に対する理解が得られているとは言い難い状況である。否、これまで、そのことに対する神社界の側の努力が不十分であったことは、神道に対する日本のメディアの報道の仕方や昨今の国際情勢を見れば明らかである。神道国際学会は、これらの状況に新しい地平を切り拓くために一九九五年に設立され、これまで内外で多くの実績を残してきた。本会が多彩な活動を展開してこられたのは、本会の創設者や長年にわたって本会の活動を支えてくださった会員各位のご支援があったればこそのことである。まさに、西之島新島同様、現在、われわれの目に見えている神道国際学会の活動背後には、巨大な海底火山が支えていてくれるのであり、今回の新島出現は、あらためてそのことをわれわれに気付かせてくれたと言える。

天地の運気を取り込んで

二〇一三年五月

アベノミクスや黒田東彦《はるひこ》日銀総裁による異次元緩和で、円安・株高と久しぶりに日本の経済が活気づいてきた。バブルが弾けて二十余年……。世界では、その間「九・一一」テロ事件、リーマンショック、欧州金融危機をはじめいろんな出来事が起こり、その都度、国際金融市場は暴落したが、ほどなくすると元通りに回復して、日本の「失われた二十年」のように、ずっと低迷し続けていた国は珍しいと言える。

ならば、何故、日本だけがかくも長期間にわたって不景気をかこってきたのか？　日本人が怠けて働かなかったせいか？　答えはノーである。ギリシャ人の何倍も働いてきた。日本社会の規制が多いせいか？　答えはノーである。この間、驚異的な経済発展を遂げてきた共産主義政権下の中国のほうが遙かに社会的規制が多い。日本社会の少子高齢化が進んだせいか？　答えはノーである。日本より先に少子高齢化社会になった北欧諸国の経済も好調である。実は、一九八〇年代には「ナンバーワン」と羨《うらや》まれた日本が、かくも長期間にわたって経済不況のトンネルから抜け出せなかったのかという理由について、万人が納得のできるような明快な診断を下せる経済学者は誰もいない。この間、日本はいわば生活習慣病のような状態であった。

ところが、昨年末の安倍政権の発足以来、長年続いてきたデフレ不況にも脱出の気配が感じられるようになってきた。しかし、アベノミクスの「三本の矢」として提唱されている「大胆な金融緩和」や「機動的な財政政策」や「民間投資を喚起する成長戦略」という政策は、どれも目新しいものではなく、この二十年間、名称はどう名付けられたかは別として、ほとんどの政権で同様の政策がとられてきた。だから、この間の日本政府の累積債務は、一九九三年の三七九兆円から一一七八兆円(今年度推定値)へと増える一方(財政出動しっ放し)だったのである。だが、これだけ巨額の財政出動をしてきたにもかかわらず、デフレスパイラルが続いてきた。日経平均株価もバブル経済絶頂期の最高値の五分の一から三分の一の間の低価格帯を二十年間、行ったり来たりしてきた。

いくら三年三カ月間の民主党政権が酷かったからとはいえ、政権に復帰した自民党総裁安倍晋三氏の総理登板も二度目のことであり、決して目新しいものではなかった。にも関わらず、この半年間に日本の経済環境や政治的社会状況は劇的に変化した。いったい何が日本をこれだけ劇的に変えたのか？　それは、二十年間にわたって続いてきた出口の見えない鬱病のような閉塞感と、日本人がお人好しなことにつけ込んで火事場泥棒のような振る舞いをして平然としている厚顔無恥な周辺諸国の態度に対する生理的嫌悪感と、格差拡大をはじめとする困難な社会問題に対して見て見ぬふりを決め込んできた一億総引きこもりの状態に、覚醒の冷水を浴びせかけたのが東日本大震災と原発事故であった。

今、民族存亡の危機に瀕して、極めて多くの日本国民が前向きな気持ちになってきている。また経済的にも、まだまだ国民ひとり一人の実際の所得が増えたわけではないのに、この前向きな気持ちが現在の日本の好況感を創り出している。まさに「景気は気から」である。景気に限らず、天気・人気・病気と「気」の付く言葉は皆、自分一人の頑張りだけではどうすることもできないものであり、まさに「雰囲気」が支配するものである。漢代の辞書『説文解字《せつもんかいじ》』によると、「氣(Qi)」とは、雲気の意がある「气」と、米を炊飯する際に生じる蒸気の形象を合わせたものであり、動物の気息の意でもあった。

この「気」という概念は、ギリシャ語の「プシュケー(魂)」やラテン語の「スピリトゥス(精神)」やサンスクリット語の「プラーナ(生命力)」と同様に、われわれの「気息(呼吸)」と極めて密接に関連しているところから見ても、洋の東西を問わず、古来より人間は、目には見えない「気」の作用に注目して、そこに神的働きを感知してきたことは明らかである。神道では、「この世は、神と人との共同作業によって維持生成されている」と考える。動物は、生存の危機に瀕したとき思わぬ生命力を発揮することがあるように、われわれ日本人も、天地自然の運気を自分たちの体内へ取り込んで、直面するさまざまな困難から逃げることなく立ち向かってゆかねばならない時期にあると思う。

万機公論に決すべし

二〇一二年十一月

接戦と言われたアメリカの大統領選挙は、オバマ大統領の再選で幕を閉じた。一方、中国では、厳戒態勢の下で共産党大会が開催され、相も変わらず十三億の民の意思とは関係ないところで、今後十年間の国家指導者が選出された。

神ならぬ人の身ゆえ、いかに優秀な政治指導者であったとしても、人間は必ず間違いを犯す。ましてや、年々激烈化する自然災害は言うに及ばず、複雑化グローバル化した世界金融市場において、いつどこでどのような「危機」が発生するやら、予測することすら困難である。だから、指導者にその失敗の結果責任を取らせ、常に国家運営の軌道を修正してゆくために「選挙」が行われるのである。その意味で「民の声は神の声」なのである。それを「近いうちに……」などと言って、徒《いたづら》に自己の政権の延命を図ろうとするなど、もってのほかである。

私は、(二〇一二年)十月末と十一月初めに、南アフリカ共和国とアメリカ合衆国を相次いで訪問した。南アでは、ヨハネスブルグで開催された第四回ＩＦＡＰＡ(アフリカの平和ための諸宗教行動)サミットに出席し、米国ではカリフォルニア大学サンタバーバラ校(ＵＣＳＢ)で開催された国際神道シンポジウムに参加した。ＵＣＳＢで開催された国際シンポジウム『自然災害と宗教文化』の詳しい内容については、本紙(『神道フォーラム』第四十六号)上で詳解されているので、内容そのものについては本欄ではあらためて述べないが、南アのＩＦＡＰＡサミットは出色《しゅっしょく》の会議であった。

周辺島嶼《とうしょ》国家も含めて五十四カ国からなるアフリカ大陸は、全人類の故郷であるが、大航海時代に欧州人に「再発見」されて以後の五百年間は「苦難の歴史」であった。とかく日本人は、アフリカ各国を十把一絡《じっぱひとから》げに見ている傾向があるが、地中海に面するサハラ砂漠以北は、主にアラブ人(非黒人)たちが支配するイスラム教国であり、大西洋に面する西アフリカの熱帯雨林はフランス語地域、インド洋に面する乾燥したサバンナの東アフリカは英語地域、熱帯雨林の中央アフリカ地域では今でも民族紛争が絶えず、最南端の南アフリカ共和国は地下資源も豊富でＧ20にも数えられる「先進国」であり、社会的課題も様々で、これを一括《ひとくく》りに論じることは困難である

その現状を踏まえてＩＦＡＰＡサミットが『自由で公正で民主的な選挙』をテーマに開催された。未だに民族紛争や食糧危機で選挙どころではない中央アフリカ諸国や、二十年前に「アパルトヘイト(人種隔離政策)」を撤廃した豊かな南アフリカ共和国から、つい昨年、「アラブの春」と称せられる民主化運動によって、長期にわたる独裁政権が相次いで崩壊したチュニジア・エジプト・リビア等の北アフリカ諸国に至るまで、政権の正統性を国際社会から認知されるためにも「自由で公正で民主的な選挙」を実施することが必須の条件であるが、その一方で、北アフリカのイスラム諸国に見られるように、もし「自由で公正で民主的な選挙」が実施されたら、当然、国民の大多数を

占めるイスラム教徒が、宗教法である『シャリーア』を国家の世俗法の上位に採用するように求めるであろうから、当該地域に暮らす少数派の非イスラム教徒にとっては、極めて不自由な政治体制となる。

しかし、今回のＩＦＡＰＡサミットで、言語や民族や宗教や経済状況が様々に異なるアフリカ各国の宗教指導者たちが、地に足の着いた、なおかつ普遍性を有するハイレベルなディスカッションを展開したのを見たのは、三十年以上諸宗教対話の世界に身を置き、世界各地で何百回とこの種の会議に参加した経験を持つ私でさえ、大変勉強になった。現時点では経済的繁栄を謳歌しているように見える東アジアの独裁国家よりも、確実に民主主義の成熟を目指すアフリカの将来は明るいと見た。

その数日後、祭事を務めるために一日だけいったん日本に戻り、地球を三分の二周して訪れたＵＣＳＢでの国際神道シンポの関連行事としてカリフォルニアの公立小学校で『秩父神楽《ちちぶかぐら》』の公演に立ち会ったが、訪れた小学校の低学年では、ちょうどその時「学級委員長」の選挙を行っていた。学校給食として宅配のピザが供されていたのには驚いたが、それ以上に感心したのは、日本の小学校なら、児童自身による立候補の意思表示や選挙運動もなく、新学期になると自動的に学級委員選挙の投票が行われ、黒板に「正」の字を書いていって、「人気投票」のごとく最多得票数を得た児童が学級委員長に当選するのが一般的であるが、アメリカのそれはまったく違っていた。立候補した子供たちが「公約」を発表し、候補者同士でディベートを行い、一週間というキャンペーン期間中、クラスメイトたちが自らの支持する「候補者」への投票を呼びかけるワッペンを胸に貼って、「選挙運動」を繰り広げるのである。まさに「万機を公論に決する」文化である。

紫陽花《あじさい》革命というネーミングについて

二〇一二年七月

日本政府に原子力政策の転換を迫って、毎週金曜日の夕方に総理官邸前に集まりデモをする行為が、梅雨時期に咲く花に因んで「紫陽花《あじさい》革命」と命名されたそうである。長年、閉塞感が覆うこの国において、毎回千人単位の人々が参加して何かを主張するようなデモなんて、久しく見られなかった盛り上がりである。もちろん、一年半前(二〇一〇年十二月から翌年一月)、長年続いたチュニジアの独裁政権を、ツイッターやフェイスブックやユーチューブ等のSNS(ソーシャル・ネットワーキング・サービス)という新しい通信技術によって結集された一般民衆の力によって打倒し、以後、短期間の内に、「盤石《ばんじゃく》」と思われていたエジプトやリビアの長期独裁政権をも打倒することになった「アラブの春」現象の端緒である「ジャスミン革命」を踏まえてのネーミングであることはいうまでもない。

明治以来、大政翼賛運動でも安保闘争でも、この国における政治的なデモ行為は、左右両陣営を問わず、大規模な組織体によって「動員」された政治的意図を持ったデモであって、決してサイレント・マジョリティが自発的に参加したものではなかったので、先導者の拡声器を使ったヒステリックなシュプレヒコールとは裏腹に、決して、一般市民のシンパシーを得られるものではなかったのは事実である。その意味では、このたびの「紫陽花革命」は、この国における従来の大衆動員による政治的主張の歴史を変えるかもしれない。

皆さん、関西電力大飯原発の再稼働当日の原発前の様子をご覧になったであろうか？　関西電力側が用意したガードマンと警察の機動隊員が整列して二重の壁を作っている前で、行われた反対運動には目を見張るものがあった。従来なら、このような時、反対派がファナティックなシュプレヒコールを叫んで、原発敷地内へ突入しようと試み、それを屈強なる機動隊員が排除するという図式が「常識」であったが、今回はまったく勝手が違ったので、よく訓練された機動隊員たちもどうして良いか判らなかったであろう。反対派の人々は、機動隊の「人間バリケード」の前で、六時間以上、サンバのリズムとともに「再稼働反対！」と唱えながらひたすら踊り狂ったのである。その神懸かり的な様子は、ＳＮＳを通じて世界中に流されたが、私にはその様子が、あたかも「天の岩戸」前で、天照大神の再臨を期して乳房も露わに踊り狂った天鈿女《アメノウヅメ》を見る思い、あるいは、幕末に各地で発生した「ええじゃないか」踊りとはかくあったのではないか……。とさえ思える光景であった。

これまでの数カ月間、これらのデモを無視してきたテレビや大新聞なども好意的に捉えざるを得ない状態になってきた今こそ、この民衆パワーをわがものしよう(例えば、政局に利用)とする怪しげな勢力が出てくることを危惧するのは、杞憂《きゆう》であろうか……。私がこの「紫陽花革命」というネーミングを聞いて、真っ先に心に浮かんだのは、一九八九年五月末から始まった北京の天安門広場前の民衆の自然発生的な集まりである。共産党一党独裁下の中国の首都のど真ん中で、しかも、インターネットどころか自由に発行される新聞すらなかった中国で、民衆は「民主化」を求めて、時の権力に対して初めて声を上げた。いわゆる「六・四天安門事件」である。中国共産党中央は、民衆を装甲車で踏み殺してこれを排除した。そして、最も大きかったことは、この動きが共産党内部の権力闘争に利用されて、時の最高権力者である趙紫陽《ちょうしよう》総書記が失脚した。この事件を受けた社会主義諸国は、その年の十一月の「ベルリンの壁崩壊」を契機に、ドミノ倒し的に民主化が進展していったが、肝心の中国の政治が変わったかというと、それから四半世紀が経過するというのに、相変わらず共産党による一党独裁で自国民を抑圧している。

私には、この「天安門事件（＝反趙紫陽革命）」が今回の「紫陽花革命」と字面だけでなく、あり方まで被って見えてしようがない。おそらく、今回の「脱原発」を真摯に願う民衆の声を、永田町や霞が関の権力闘争の道具に使う者が出てくると思う。「紫陽花」という植物の名前に「紫」という字が入っているのは、その花の色から名付けられたのであるが、その紫は何に由来するかご存じであろうか？紫陽花には、「グリコシド」と呼ばれる「青酸配糖体」が含まれているからであるが、この成分は動物にとっては猛毒になる。今回の紫陽花革命の毒に当てられて死ぬ（政治生命を失う）のはいったい誰であろうか……？　それに、紫陽花の花色は、土壌中のちょっとした酸性（＝賛成）バランスによって青色からピンク色まですぐに変化してしまう。この紫陽花革命がどういう結末を迎えているが興味津々である。

宗教報道についてのマスコミの罪

二〇一二年三月

今、テレビのワイドショーを騒がせている話題のひとつにオセロ中島なる三流芸人の「マインドコントロール事件」（本来なら「家賃滞納事件」というべきであるが……）がある。詳細については文字数の無駄なので述べないが、「どこが問題であるか？」という点で、マスコミも含めて多くの人々が間違っているので、今回はその点を指摘しつつ、日本における宗教文化報道の問題について述べたい。

本事件に関する世間一般の善悪評価は、以下のとおりである。諸悪の根元は「女霊能者」、被害者は「オセロ中島」、そのことを指摘し断罪する正義の味方は「マスコミ」ということになっており、悪さの順番でいうと、女霊能者 ＞ オセロ中島 ＞ マスコミという図式になっている。しかしながら、そもそもこの状況認識が間違っている。ただし、マスコミはマスコミ自身が批判されることは報じないので、結果的には、一般国民が騙されることになる。

ズバリ言おう。構造的悪さの順番からいうと、一番悪いのがマスコミ、その次がオセロ中島本人、最後が女霊能者の順である。答えは簡単である。何故なら、それぞれの社会的責任の大きさが違うからである。テレビ局という事業は、放送法の規定によって政府（総務省）から認可された免許事業であり、一般の株式会社のように誰でも資金さえあれば設立できるようなものではない。放送事業者は、

NHKはいうまでもなくたとえ民放であっても、電気・ガス・通信・鉄道事業者同様、国民の生命・財産の根幹にかかわる公共的機関と見なされているからである。だから、「三・一一」東日本大震災の際には、営利事業である民放であっても、通常の番組をすべてキャンセルして、何十時間にもわたってコマーシャルなしで報道特別番組をオンエアしたのである。

つまり、誰もが自由に発行できる新聞と比べて、テレビ局の義務と責任は遙かに重いのであり、放送法第三条によって、放送事業者は番組の編成に当たって、①公安及び善良な風俗を害しないこと。②政治的に公平であること。③報道は事実をまげないですること（以下、省略）。を充足しなければならないことになっている。これらのことを敷衍《ふえん》して、民放連や各放送局では「宗教」に関する取り扱いについても内規が定められており、その多くが、放送法の趣旨である「不偏不党」の精神や「科学的合理主義」に反する価値体系であるとして、宗教というものに対してネガティブな評価をしている。

そういう宗教理解自体、間違えているが、さらに大きな問題は、テレビ局は、立正佼成会だとか天理教だとかいった正真正銘の「教団宗教者」は決して番組には登場させないのに、どこの馬の骨とも判らない「占い師」だの「霊能者」だのという連中（個人事業者）には、たびたび「公共の電波」を使わせて、害にしかならない言説を垂れ流しさせている。テレビで科学的合理性のない言説（客観的反証実験のできない言説）を放送することは、「風説の流布」であって決して許されるべき行為ではない。もし、私が総務大臣であれば、民放局のほとんどは、一週間で放送免許を取り上げるであろう。彼らの番組が明らかに放送法に違反しているからだ。しかし、政治家は選挙のことを考えて、決してテレビ局の悪口を言わない。そして、何の社会的責任もない「自称占い師」や「自称霊能者」の戯言は垂れ流すくせに、細かい教義や教団内の諸制度によって個人としての奔放な意見表明が厳しく制限されている教団宗教家の意見をオンエアしない放送局のほうが、よほど問題である。

次に、何故、一般からは「被害者」と目されているオセロ中島の罪が重いというかと言うと、彼女は有名人《セレブ》であるからである。一般市民が悪質な霊能者のカモにされても、誰も見向きもしないが、芸能人やスポーツ選手等のメディアに露出することを商売としている人間には、振る舞いや発言の影響が大きいので、それだけ責任があるからである。そして、最後が「女霊能者」である。世の中には、インチキ占い師だの霊能者だのといった連中はごまんと居る。そんな頭のおかしい連中のことまで構っていられないからである。

今回の被災地大船渡での国際シンポジウム『災害と郷土芸能』でも、あれだけ内容のあったイベントにもかかわらず、地方紙の中には、主催団体である「神道国際学会」の名前をわざと避け、「主催：ケセンきらめき大学など……」と報じた新聞社もあった。愚かな編集者が、シンポジウムの中身も見ようとせずに「神道」という言葉にだけこだわったのであろう。この国では、いつになったら、「宗教」が正しく評価される社会が来るのであろうか……。

変質する温暖化防止会議と宗教者の役割

二〇一二年一月

ここ十数年来、毎年、十二月に開催される大規模な国際会議に、国連の気候変動枠組会議（UNFCCC）の締約国会議がある。日本では、その「締約国会議」を意味する「COP」の三文字に第何回を意味する数字を付けて「COPXX温暖化防止会議」と呼んでいる。そのCOP17が、今回は、南アフリカ共和国のダーバンで開催され、二〇一二年に期限の切れる『京都議定書』の当面の間の延長と、二〇二〇年からの発効を目指す新たな枠組み合意を目指すことが、すったもんだの末、一応「合意」を見たことになった。

私は、世界宗教者平和会議（WCRP）日本委員会の開発・環境副委員長として、二〇〇七年にインドネシアのバリ島で開催されたCOP13以来、ポーランドのポズナニで開催されたCOP14、デンマークのコペンハーゲンで開催されたCOP15と相次いでこの国連の気候変動枠組会議に参加してきたが、残念ながら、年々「NGO排除」の傾向が強まっていることは事実である。

バリ会議やポズナニ会議では、国連事務総長や各国の首脳が演説し、各国政府代表が議論を戦わせる本会議場をNGOからの参加者も見学することができたが、秩父《ちちぶ》神社宮司の薗田稔先生（当時、神道国際学会会長）と共に参加した二〇〇九年のコペンハーゲン会議では、NGOの参加者は、事前に国連の指示する通りの参加申し込み手続きを経て会場入口に並んだのにもかかわらず、会場の入場パスを受け取るために氷点下の屋外で六時間も並ばされた。これは、明らかに国連がNGOを排除しようとしていることを意味する。今回のダーバン会議では、各国政府代表が集う本会議場には近づくことさえ許されない有様だ。せっかく南アフリカまで来ながら、皆ラップトップの画面に向かってインターネットを通して情報収集している様は、一種、異様ですらある。

二〇〇八年秋のリーマンショック以来、先進各国の指導者の関心は、完全に国内景気の回復と国際金融秩序に維持に向かっており、また、『京都議定書』が制定された一九九七年当時と現在とでは、その当時、最大の温室効果ガスの排出国であったアメリカが早々とこの枠組みから離脱したことは論外としても、国別の排出量では、EUや日本といった先進国の比率は中国やインドなどの新興国の排出量と比べたら極めて小さく、先進国のみに排出量の数値目標を義務づけた『京都議定書』は、今や、完全に意味のないものとなってしまった。おまけに、原発事故の対応で精一杯の日本政府も、当面の電力不足を化石燃料を燃やす火力発電所のフル稼働で補おうとしており、排出規制の遵守は完全に諦めている。

そんな閉塞感の中で、『京都議定書』が決議されたCOP3以来十四年ぶりに、国連気候変動枠組会議の会場において、宗教者がこの問題に関する国際パネルを公式に開催したことは注目に値する。(二〇一一年)十二月七日、南アフリカで唯一のカトリック枢機卿《すうききょう》であるダーバン大司教のW・ナピエール枢機卿がモデレータとなって、マハトマ・ガンジーの孫であるエラ・ガンジー女史をはじめ、キリスト教・イスラム教・ユダヤ教・ヒンズー教等から七人の代表が出てパネル討議が開催された。各パネリストは、環境保全に対するその宗教独自の教義的根拠を述べ、温暖化による食糧危機や風土病の蔓延が、途上国の人々の生存を脅かす点からも、宗教者が気候変動の問題に取り組むことが喫緊の課題であると力説した。

私は、モデレータのナピエール枢機卿から突然指名されて、このパネルの「開会の祈り」を務めることになり、東日本大震災に際して全世界から寄せられた見舞いと支援に感謝の言葉を述べると共に、世界中の人々が気候環境を維持することによって安全を共有できるよう英語で祈った。この印象が良かったのか、閉会時にもまた、指名され、「原発の安全性が問われる中で、容易に再生可能(自然)エネルギーへの切り替えを説くのは無責任な態度である。実際には、原発の創り出すエネルギーと同程度のエネルギーを再生可能エネルギーで補うためには、今後相当の期間を必要とするため、その間は、旧態依然たる火力発電をフル稼働して補うしかなく、そのことがもたらす今後何万年にも及ぶ地球上の全生物種に与える影響の深刻さを顧みた上での罪深い究極の二者択一の縁にわれわれが立たされており、宗教者は『少欲知足《しょうよくちそく》』の生き方を実践しなければならない」とスピーチした。

アリとキリギリス：欧州金融危機を憂う

二〇一一年十一月

ギリシャの財政破綻に端を発する欧州の金融危機が世界経済の上に大きくのしかかっている。国別GDP比較で世界第三十二位（日本の約十九分の一）程度の〝経済小国〟に過ぎないギリシャの財政破綻が、何故これほど深刻な問題になるのか？　今から十年ほど前にギリシャと同程度の経済規模の南米アルゼンチンがデフォルト（債務不履行）に陥ったことがあったが、そのことによって、世界経済はそれほどダメージを受けなかった。前回のアルゼンチン危機と今回のギリシャ危機のどこが違うのか？　答えは簡単である。ギリシャはEU（欧州連合）の加盟国で、統一通貨ユーロを導入しているという点である。

通常、ある国が非常に放漫な財政政策をとり続けて国家財政が破綻しそうになると、その国の通貨の価値が下落しインフレが発生することによって、当該国の政府は国債の返済が容易になる。また、為替レートも下落することから、輸出競争力が急激に回復して景気が上向き、税収もアップして、国家財政が立ち直るほうへのモーメントが強まる。これがマクロ経済学の基本中の基本原則である。民主主義国家の政治家は、選挙民の機嫌を取るために税収より多くの歳出予算を立てる傾向（これを「ばらまき財政」という）があるので、放漫な財政政策をとる場合が多い。

世界史上の大いなる実験と言える欧州連合の発展プロセスにおいて、主権国家の権能のひとつである「通貨発行権」をそれぞれの加盟国政府が返上して、統一通貨ユーロを導入することによって、比較的国土の小さい国が密集している欧州域内における経済活動が飛躍的にしやすくなったことは言うまでもない。しかし、このシステムが巧く機能するためには、各国政府の厳格な財政規律の遵守が求められる。なぜなら、一国のみの財政であれば、景気後退期に、前段のような金融政策をとることによって、インフレと自国通貨安を誘導し、もって景気回復や国家の借金の縮小を図ることができるが、ユーロのような統一通貨システム下では、ひとつの放漫財政国家の破綻が他の加盟国の経済にも大きな影響を及ぼすからである。そこで、ユーロ導入国においては、各国政府が単年度に発行できる赤字国債はＧＤＰの三パーセント未満、さらに累積債務残高が六〇パーセント未満でなければならないという縛りがかけられた。現在、統一通貨ユーロの導入国は十七カ国であるが、その経済規模の格差はＧＤＰ三兆六千億ドルのドイツから百九十億ドルのエストニアまで百五十倍以上の開きがあるが、いずれの国もこのルールを遵守するであろうという相互信頼で成り立っている。自国通貨が国際的な決裁権能を有しない弱小国家ほど、統一通貨ユーロ導入のメリットは大きい。

ギリシャもまた経済小国である。したがって、統一通貨導入のメリットは絶大である。それだけに三パーセントルールの遵守は当然の義務である。しかし、同時に、ギリシャは歴史を通じて典型的な放漫財政国家であった。労働者の三割が公務員というまるで〝社会主義〟のような国家である。そこで、ギリシャの指導者は考えた。他のEU諸国には三パーセントルールを守っているふりをして、その実、赤字国債をドンドン出そうと……。そのことが明るみに出たのが、今回のギリシャ危機に端を発するEUの金融不安である。私は、本『神道DNA』シリーズで、リーマンショックの起こる一年二カ月も前の二〇〇七年七月号で『超低金利が日本を駄目にした』という一文を上梓した。以下、その一説を引用する。

「イソップ寓話」の『アリとキリギリス』の話を知らない人はいないであろう。暑い夏、懸命に働くアリをばかにして遊び惚けたキリギリスが、冬にアリの元へ糧を乞いにくるという説話である。イソップ(アイソーポス)は、二千六百年以上も昔のギリシャの奴隷作家である。元々は『アリとセミ』という譬《たと》え話であったが、英訳される際に、寒冷な英国にはセミが馴染みないので、キリギリスに変えられたのである。この寓話がポルトガルから日本に伝わったのは四百年以上も前のことであり、『伊《い》曾《そ》保《ほ》物語』として何度も版を重ね、江戸時代初期にはかなり多くの日本人がその内容を知っていたのである。当然、そこでは『蟻と蝉』であった。因みに、「イソップ寓話」がラテン語からフランス語や英語に翻訳されたのは、日本語版より時代が遅れるというから驚きである。超低金利政策とは、分かりやすく言えば、真面目に働いたアリがばかを見て、遊び惚けたキリギリスが得をするという政策である。このような政策をとる国が乱れない道理はない。

ヘレニズム文明は奴隷労働の上に成り立っていた。ポリスの市民は、高尚な哲学や政治を論じ、スポーツや音楽に興じ、〝卑しい労働〟は征服した異民族にさせる……。また、ユダヤ・キリスト教では、労働はアダムが楽園《エデン》を追放される際の罰として神から与えられた苦役であった。翻って日本では、皇祖神たるアマテラスも御自ら機《はた》を織られ、いかにアマテラスの弟君であっても、農耕妨害をしたスサノヲは高天原を追放された。また、天皇陛下も御自ら田植えや稲刈りをされる。ただし、その立派な日本の伝統が今日まで継承されているかと言えば、あまり胸を張って答えることはできない。ギリシャ人は、二千数百年前にイソップが提起した問題を未だ解決していない。われわれが古代文明から学ぶべき問題は、まだまだたくさんあるように思える。

ソーシャルメディアと社会秩序

二〇一一年九月

昨年(二〇一〇年)末のチュニジアの政変から始まった「ジャスミン革命」と呼ばれる民主化運動は、新しい時代のソーシャルメディアであるフェイスブックやツイッターやユーチューブによって瞬く間に一般大衆へと拡大し、二十三年間続いたベン・アリ独裁政権があっけなく崩壊した。この波は、北アフリカから中東各地へと飛び火し、自他共に認める「アラブの盟主」エジプトで三十年間続いたムバラク政権まで、暴動の発生からわずか二週間で退陣を余儀なくされた。

この事態に、長年、独裁体制を維持してきた湾岸アラブ諸国や東アジアの共産主義国家の指導者たちは、「明日はわが身」と戦々恐々としている。何故なら、これらの国々においては、新聞やテレビなどのマスメディアは、国家権力によって完全に「支配」されており、たとえどこかの地方で、党幹部の腐敗を追及するデモが起きたり、抑圧された少数民族による暴動が発生したりしたとしても、軍隊や公安警察を投入してこれを武力鎮圧し、マスメディアで一切報道しなければ、国民の大多数はそのような「事件」が起こったことすら知らずに、犠牲者たちは闇から闇へと葬られることになるからである。たとえ民衆による反政府の意思表明でなくとも、中国の温州《うんしゅう》における高速鉄道の追突脱線事故のようなニュースでも、当局にとって都合の悪い記事はたちまち新聞の目立たない片隅へと追いやられてしまうくらいだから……。

一方、長年遅々として進まなかった中東地域での社会変革が、ソーシャルメディアの普及によって一気に進展したことに西側諸国も驚いている。「九・一一」事件以来十年、アメリカは約五兆ドル（四百兆円）という巨額の戦費と多くの犠牲を投入した対アフガン・対イラク戦争を遂行したけれど、中東の人々の生活様式や思想を少しも変えることはできなかったが、この間、彼らにとっても便利な日常生活ツールとなったソーシャルメディアによって、いとも簡単に中東地域における政治的変革が起こったという点では、西側諸国の指導者たちもあらためて目を見張ったことだろう。

しかし、このソーシャルメディアは「諸刃《もろは》の剣」となって西側諸国のひとつである英国を襲った。八月上旬にロンドンで突如として発生し、瞬く間に英国各都市へ拡がった暴動である。この暴動のニュース画像を見ている限り、彼らに何らかの政治的な主張があるというよりも、単に略奪行為を行っているようにしか見えない。画面から見て取れるかぎり、彼らの民族や性別や社会階層に一定のパターンがあるとも思えない。「若者である」という以外に共通性はほとんどない。どこの国においても、ソーシャルメディアの担い手は主として「青少年」であることからして、この暴動の参加者の大半が若者であることの説明は付くけれども……。

人間が社会秩序を守る理由は、三つ考えられる。一番目は、「違反すると警察（国家権力）によって処罰される」から……。でも、もしそうだとすると、「警察がいなければ泥棒をしてもよい」ことになる。

それが人間社会の本質だというのなら、そんな国の首相や警察長官は、英国のように夏休みを取得してはいけないことになる。

二番目は、法律は民主主義的な手続きによって皆で決められたものだから、「国民には法律を守る義務がある」という考え方である。そのことを担保するには「すべての国民が立法に関与する」必要がある。ただし、独裁国家や全体主義国家では、一般市民は立法プロセスに関わることができないので、裏を返せば「一般市民には法律を遵守する責務がない」ことになる。

三番目は、人間なら「社会規範を守るのは言われるまでもないことである」という考え方である。たとえ大地震によって犯罪を取り締まるべき警察官が全員死んでしまったとしても、「他人の財産を略奪するなんて人間としてするべきではない」という考え方である。もちろん、この三番目のパターンが「望ましい社会」であると思う。

昨年末から始まったソーシャルメディアによる社会変革は、個人の政治的な意志表明を国家権力によって抑圧された独裁国家や全体主義国家においては有効な手段であることが証明されたが、市民の政治への参画が正当に保障されている民主主義国家においては、「匿名性」を有するソーシャルメディアは、政治的意思を喧伝するツールとしてははなはだ危険なものであるかもしれない。おそらく、今回の英国の暴動を見て、欧米の民主主義体制に挑む某国などは、民主主義社会を混乱に陥れる便利なツールとしてのソーシャルメディアの利用法を研究してくるであろう。

ところで、三番目のような類型の社会にとって、ソーシャルメディアの普及は何をもたらせてくれるのであろうか?

新しい国づくり神話を　二〇一一年七月

日本に太平洋戦争後最大の危機をもたらせたこの度の東日本大震災で、しばしば繰り返された言葉に「想定外」と「安全神話」がある。何も国家や地方の行政でなくとも、大企業から幼稚園に至るまであらゆる団体は、一定の施策を講じる際には、なんらかの「想定」を立てなければ具体的な予算や事業計画が立てられないから、必ずなんらかの「想定」を立てることになる。

その際、政治家や経営者が最も勘案するのは、「費用対効果（B／C）」であることは言うまでもない。例えば、「高さ百メートル×厚さ百メートルの防潮堤で日本列島の回りを完全に取り囲めば、どんな大津波が来ても恐くない」などという話がナンセンスなことは誰の目にも明らかである。何故なら、何百年に一度、いつどこで襲ってくるか判らない大津波に対処するために、福祉も教育も防衛政策も放棄して、国土強靭化《きょうじんか》予算に際限なく税金を投入してこれに備えるといったB／Cを全く無視した政策が受け入れられるはずがないからである。

ならば、どこかに「一定の目処」を付けなければならないであろう。そこで登場するのが「想定」という考え方であって、この「想定」は、可能性（possibility）ではなく蓋然性（probability）によって決められる。この蓋然性と費用対効果を勘案して方針を決定するのが政治であり、経営である。

しかし、可能性と蓋然性との間には「差」がある。可能性にだけ基づいて意思決定をするのは政治（経営）ではない。そこで、この「差」を埋めるために「安全神話」が創り出される。あらゆる神話は、あるべき姿と現に眼前に存在する姿（現実）との「差」を埋めるための都合の良い説明として生み出された。たとえば、「何故、〝神の似姿〟として創られた人間（アダム）に、苦しみや寿命があるのか？」という問いに対する答えが『創世記』に記された失楽園のエピソードであるように……。

この意味で、人類は常に「神話」を創り続けてきた。この神話づくりには、古代においてはシャーマンが奉仕し、現代においては学者がお先棒《さきぼう》を担いできた。もちろん、人類史上初の核兵器の犠牲者となった日本人が、いかにエネルギーを得るためとはいえ原子力発電を推進するためには、核技術の危険性に関する可能性と蓋然性の差を埋める「安全神話」が必要であったことは言うまでもない。

およそ人類が新しいものづくりに挑むときには、「新しい神話」を創り出す必要がある。世界初の共和制民主主義国家として一七七六年に建国されたアメリカ合衆国でさえ、自分たち（ピューリタン）が英国から大西洋を渡って新大陸へ移民してきたことを「信教の自由のため、ファラオのくびきから逃れて、〝約束の地〟目指して紅海を渡ったモーゼの出エジプト」に擬《なぞら》えて、アメリカを「新しいイスラエル」として位置づけた。また、〝神〟を否定しているはずの共産主義国家の多くが、その「建国の父」を神格化していることに疑いを挟む人はいないであろう。大企業の創業者もまた「伝説化」されるケースが多い。

逆を言えば、人間が何かを始める際には、みんなが乗ることのできる「新しい神話」が必要なのである。来年(二〇一二年)で、『古事記』が編纂《へんさん》されて千三百年になる。一般に古事記というと、何か大昔の荒唐無稽な神話が載っている書物という印象が強いが、実際には、壬申《じんしん》の乱の結果、成立した律令制中央集権国家である天武朝の現秩序を正当化するための手段のひとつとして策定された書物である。諸豪族の間に古代より伝承していた多くの物語を、新しい国家づくりのために取捨選択し、都合良く潤色したものである。

東日本大震災という未曾有《みぞう》の国難に対して、政治は、被災地の「復旧や復興」といった小手先の対処ではなく、原発問題も含めて、これを、明治維新と敗戦に次ぐ近代日本における「第三の建国」として位置づけ、明治維新の際の天皇制国家や廃藩置県、あるいは、敗戦後の民主主義や平和憲法といったような従前の常識を一八〇度ひっくり返すような新しい国づくりが求められている。

それには、「新しい神話」が必要である。古事記が編纂された時代に人々は、その神話の中に登場する神々の行いを、直前や同時代の具体的人物に比定しながら読んだことであろう。古事記の物語とは、イザナギ・イザナミの話にしろ、オオクニヌシの話にしろ、ヤマトタケルの話にしろ、皆「国づくり」の物語である。そして、これらは皆、「あるべき姿」と「現にある姿」の差を修正するために創り出された物語である。『国譲り』神話なんか、現在の政局の当事者にもしっかりと読んでもらいたいくらいだ。今こそ、日本国民一丸となって新しい国づくり神話を創ってゆくときである。

善きサマリア人《びと》　二〇一一年五月

このたびの東日本大震災で犠牲になられた方々のご冥福をお祈り申し上げると同時に、被害に遭われた方々の一日も早い復興を心からお祈り申し上げます。

マグニチュード九・〇の超巨大地震による大津波という未曾有《みぞう》の事態によって、われわれの社会にさまざまな「非日常」がもたらされたが、その非日常とて、前提となる「日常」があってのことであり、その前提としての「日常」が異なれば、そこからもたらされる「非日常」も自ずから異なったものになるというのが道理であろう。逆を言うと、「非日常」すら「元の日常」に引きずられるということである。そのような観点から、被災地に限らず、日本の各地で起こった出来事の二、三について検証してみたい。

震災の直接的ダメージがほとんどなかった首都圏を中心にスーパーやコンビニの店頭から特定の商品が品薄になったことを「一般市民による利己的な買いだめ行動」と批判した政治家やマスコミがあったが、私の観るところ、本件についての最大の要因は、政府・自治体や大企業による「買い占め」によって品薄がもたらせたのである。メーカーも手間の掛かる小売店経由よりも、大ロットの顧客のほうが効率的であるので、そちらからの注文を優先して被災地へ届けた。

では、何故、こういう事態が生じたのか？　それは、避難所での食糧や衣類の配布方法に問題があるからである。十六年前（一九九五年）の阪神淡路大震災の際に経験したことでもあるが、多くの避難所には、震災発生数日後には、水や食糧品が十分にあった。しかし、これを分配する時に問題が生じた。例えば、ある市のA避難所には六〇〇人が収容されており、B避難所には五〇〇人が収容されていたとしよう。そこへおにぎりが四五〇個、パンが三五〇個、カップ麺が三〇〇個届いたとする。私の常識では、収容者数の合計が一、一〇〇人で、食糧の合計が一、一〇〇個なのだから、全員、何かひとつは自分の口に入ると思われる。

ところが、実際にはそうはならないのだ。同じ避難所内で暖かいカップ麺を食べている人と冷たいおにぎりを食べている人がいるのは不公平だからといって、あるひとつの商品が五〇〇個ないし六〇〇個揃わないかぎり、全員に配布できないのである。そのような訳で、この市の体育館には何カ月も籠城戦を持ちこたえることができるほどの食料品の段ボール箱が堆《うずたか》く積み上げられてゆくのである。だから、被災した各自治体は、個人から寄せられた小口の善意の救援物資――当然、一人でパンやカップ麺を千個も送れるような人は普通はいないから――の受け取りを拒否し、分配しやすい大ロットの自治体や企業からの救援物資を有り難がるのである。

ボランティアにしても然《しか》りである。個人のボランティアの受け入れを拒否している自治体がたくさんあると聞く。答えは簡単である。被災者である自治体が彼らの世話まで焼かねばならないと思っているからである。だから、勝手に一糸乱れぬ行動を取ってくれる米軍や自衛隊は言うまでもないが、「受け入れボランティアは団体のみ」という訳の解らない回答になってしまう。

また、「少しでも被災者のお役に立ちたい」と思っている個人も個人である。真っ先に県庁や市役所へ行って、ボランティア登録をするという「優等生」的ボランティアが多い。しかし、これらの態度は、言葉を換えれば「指示待ち人間」ということである。誰かから指示を受けなければ活動できないようなボランティアは、本当のボランティアではない。

ボランティア（英語では「Volunteering」）とは、制度化されたものではなく、個人が、自発性・無償性・公益性・先駆性に基づいて自己責任で活動することである。その淵源は、中世の十字軍のような「志願兵」に遡る。あくまで、個人の勝手気ままな行為――この場合、「人を助けたい」という発露――がその根本にあるので、ボランティアセンターなどへ行って行政機関の指示を受けるなんぞという行動は、ボランティアの風上にも置けないふるまいである。医療従事者ならどこでも役に立つであろうが、他にも、理容師が散髪をしてあげたり、司法書士が各種届け出文書の作成を手伝ってあげたりと、人にはそれぞれ得意なスキルがある。僧侶が亡き人の菩提《ぼだい》を弔ってあげるというのも大きなボランティアである。それを十把一絡《じっぱひとから》げに行政が仕分けするなど筋違いも甚だしい。しかし、行政の言うことを真に受けて、マスコミも「押しかけボランティアは迷惑」と戒めている。

未曾有の大災害という状況下にあっても、「助けを必要としている人」の個別のニーズよりも、行政やマスコミの判断を上位に置く価値観や日頃の秩序が優先される日本社会の有り様を垣間見た気がしたのは私だけであろうか？　新約聖書『ルカによる福音書』（第10章25節～37節）に出てくる「善きサマリア人《びと》」の譬《たと》えをご存知であろうか？　イエスは「道端で強盗に遭い、半死になっていた旅人を親身になって助けたのは、律法の禁止事項を杓子定規に解釈して、そのけが人を助けず観て見ぬふりをして通り過ぎた祭司のような社会的に尊敬される公職にある人ではなく、ユダヤ人から嫌悪されていたサマリア人であった」という譬え話でもって、その隣人愛のなんたるかを説いた。さて、被災者にとってのサマリア人とは誰であったであろうか？

アメリカの食糧安保について　二〇一一年三月

アラブ世界で相次いだ「政変」の原因は、過去三十年間にわたって続いたイスラム原理主義への回帰運動などではなく、ごく一部の固定的支配層への富の偏在に対する民衆の憤りが「民主化」というキーワードによって発現されたものである。もちろん、多くの識者が指摘するように、フェイスブックやユーチューブといったソーシャルネットワークツールの普及によって、万人が全世界へ向けて情報を発信することができるようになったからということは言うまでもない。

だが一方で、新興国の躍進とグローバル市場の一体化によって、先進国の超金融緩和政策がもたらせた大量の余剰資金が、投機マネーとして食糧や資源マーケットに流れ込み、途上国にまで食料価格の高騰をもたらし、貧困層の生活を直撃したことも見逃せない原因のひとつである。私は、今から七年前(二〇〇六年)に『アメリカが日本に捕鯨をさせない本当の理由』という小論をネットに上梓した。その要旨は以下のとおりである。

世界の食糧貿易の問題は、長年アメリカがとってきた「食糧安全保障」という政策と大きく関連している。米ソの冷戦がアメリカ側の勝利によって終結したのは、核抑止力による軍事的安全保障のバランス崩壊によってではなく、アメリカの食糧安保政策にソ連がまんまと絡めとられたからであるとも言える。

一九七〇年代に入ってからのアメリカは、仮想敵国であるソ連に対し、食糧援助をすることによって、豊かな西側市民生活の象徴である大量の牛肉食の習慣を植えつけるという意外な戦略をとった。

近代的な畜産業は、一日も早く牛を商品化するために、放牧ではなく「牛舎の中で飼料を与えて育てる」という方法をとる。そして、その牛を育てるための穀物飼料を米国は大量に輸出したのである。

いったん贅沢な暮らしを知った人間を元の質素な生活に戻すことは難しいという性質を利用して、「ロシア人が豊かな食生活を維持していくためには、アメリカから穀物飼料を輸入し続けなければならない」という、十九世紀に大英帝国が清国に対してとった「阿片浸け政策」と同じような方法を展開し、事実、そのことがソ連邦崩壊の一要因となった。

二十一世紀の中頃には世界最大の経済大国になると言われている中国を今のうちに叩くために、米国は同様の政策を展開中である。その経済的大発展によって、中国人の生活が豊かになり、国民一人当たりの牛肉の消費量が、その軍事費の伸び率以上に年々飛躍的に拡大しているのである。その中国人に豊かな欧米風の牛肉食の習慣を巧妙に刷り込んでいったのがアメリカである。今や、中国の大都市では、欧米や日本でもお馴染みの外食産業《ファーストフード》の看板で溢れている。巧みなテレビＣＭなどを用い、核家族で欧米風の食事を摂ることを「中産階級のお洒落なライフスタイルだ」と中国人を洗脳しているのである。

しかも、急激に消費の伸びた中国産の肉牛の飼料は、中国産の穀類では十分賄うことができず、結果的には、アメリカから大量に飼料穀物を輸入することになる。そして、気が付いた時には、中国人は、アメリカからの穀物輸入抜きでは豊かな生活が維持できなくなっているという構図なのである。アメリカは、ソ連で成功した方法の再現を中国でも狙っているのである。

この戦略の原型は日本にあった。戦後、食糧危機に陥った日本に対して、占領国であるアメリカは、「学校給食」という制度を積極的に導入し、パンとミルク(脱脂粉乳)を中心としたアメリカ風の食生活を日本の少年少女に与えたのである。はたして、アメリカの狙いはまんまと的中し、大人になっても「毎朝パンで済ます」という日本人が大量に発生したのである。しかも、その人たちの多くは「パン食のほうが格好良い」と思っているから始末に負えない。子供の頃からの生活習慣とは恐ろしいものである。

しかし日本の国は、神代の昔から「豊葦原の瑞穂の国《とよあしはらのみずほのくに》」と言われたように、特に米作については、台風等の風水害の起こらない限り、日本人の食生活を充分賄えるだけの量は収穫できたのである。それが、近代に入って、化学肥料や農薬の出現によってさらに単位面積あたりの収穫量が飛躍的に増大したのであるから、米が余って当然である。ただし、日本人一人当たりの米の消費量は年々減少の一途を辿り、慢性的なコメ余りという現象が生じたのである。

さらに、アメリカの「食糧安保」の巧妙な罠は、「捕鯨」に対しても向けられた。過去三十年間、IWC

（国際捕鯨委員会）を通じて行なわれてきた日本対アメリカの捕鯨禁止に関する論争は、科学的根拠に基づく話でもなんでもない。これも、アメリカの食糧安保戦略なのである。もし、日本人が世界中の公海から自由にクジラを獲ってこれを食せば、日本の食肉の自給率は飛躍的に向上する。事実、戦後の食糧難の時代には、日本の遠洋捕鯨船団は「七つの海」を股にかけてクジラを獲りまくり、貴重な動物性蛋白質を日本人に供給していたのである。これに言いがかりをつけ、全面的に禁止することによって、日本人の蛋白源をアメリカ産の牛肉に依存しなければならないように無理やりに持って行くための外堀を埋める作業が、「捕鯨禁止」運動なのである。

しかも、世界中の海を自由に泳ぎ廻っているクジラたちは、一年間に全人類が世界中の海から獲っている総漁獲量の約六倍もの魚資源を補食しているというデータさえある。したがって、いかなる形の捕鯨をも妨害して、クジラの数を増やすということは、すなわち日本の漁民が獲る魚の総数も減らすということで一挙両得なのである。

はたして日本政府は、以上のようなことまで考慮に入れて、食糧安保政策を考えているであろうか？　ＴＰＰ（環太平洋戦略的経済連携協定）なんてお題目を唱えている場合ではない。しかし、実際には、南氷洋での調査捕鯨をシーシェパードごときＮＧＯに妨害されたくらいで中止にするようでは、「日本は無理押しすれば引き下がる国」という誤ったメッセージを尖閣諸島における中国漁船衝突事件同様、国際社会に発信することになるではないか……。

蛍の光は四番まで

二〇一一年一月

明治から現在までの長きにわたって日本人のほとんどが唱える歌というのは、そう多くはない。それらのひとつに『蛍の光』がある。別れの歌として、卒業式の定番であるだけでなく。ＮＨＫ紅白歌合戦のフィナーレや、多くの公共施設や商業施設では閉館間際にＢＧＭとして流し、暗黙の内に客の退出を促す音楽にもなっている。

『蛍の光』のメロディがスコットランド民謡の『オールド・ラング・サイン(Auld Lang Syne)』から取られたものであることは広く知られている。ただし、「本家」のスコットランドでは、この曲は、正月や誕生日や結婚披露宴といっためでたい席で歌われている点が日本とは異なるが……。

明治期には、まだ優秀な日本人作曲家が少なかったので、尋常《じんじょう》小学校で教える「唱歌」として、西洋の原曲に日本語の歌詞を付けた唱歌が数多く作られた。『仰げば尊し』、『蝶々』、『霞か雲か』、『故郷の空』、『埴生《はにゅう》の宿』、『旅愁』などである。これらの多くは、「ヨナ(四七)抜き音階」と呼ばれるドレミ音階の内ファとシを抜いたもので、雅楽以来の日本の伝統的な旋律(五音階)と共通するため、日本人には耳当たりが良く、日本人の作曲による歌謡曲が大量に作られた戦後になっても、『北国の春』、『夢追い酒』、『上を向いて歩こう』、『木綿のハンカチーフ』、『昴《すばる》』など、ジャンルを問わず多くのヒット曲が「ヨナ抜き音階」で作曲された。

話を『蛍の光』に戻そう。この歌が尋常小学校の唱歌として文部省の『小學唱歌集初編』に掲載されたのは、一八八一年（明治十四年）のことである。私は、小学校の卒業式の折、この歌の冒頭の部分「蛍の光、窓の雪……」に疑問を持った。「いったい季節はいつやねん？」と……。蛍は夏、雪は冬、卒業式は春やでぇ……。しかし、それはすぐに『蛍雪の功』という東晋時代（三世紀）の車胤《しゃいん》と孫康《そんこう》という苦学生が貧困にもかかわらず夜遅くまで勉学に励んで、ついには高級官僚に出世したという故事に基づくものだと知った。「ボクだって蛍光灯の下で夜遅くまで勉強しているけれど」という思いと共に……。

卒業式では、通常、この歌は二番までしか唱われない。つまり、一番「蛍の光窓の雪、書読《ふみ》む月日重ねつつ、何時しか年も過ぎの戸を、開けてぞ今朝は別れ行く」と、二番「止まるも行くも限りとて、互いに思う千萬《ちよろず》の、心の端を一言に、幸《さき》くと許《ばか》り歌《うと》うなり」の部分である。完璧な七五調の歌詞なので、「ヨナ抜き音階」と相まって日本人の感性には直接響く名曲である。

ところが、日本語は一音節一文字なので、楽譜カードには通常、それぞれの音譜ひとつに一文字対応する形で、全部ひらがなで歌詞が書かれているため、意味が解りにくいことがよくある。中学生の私には、二番の末尾の「さきくとばかり、うとうなり」の部分の意味がよく掴めなかった。そこで、漢字かな交じり文による『蛍の光』の歌詞を調べてビックリした。

なんと、この曲には四番まで歌詞が付けられていたのである。すなわち、三番の「筑紫の極み陸《みち》の奥、海山遠く隔つとも、その真心は隔てなく、ひとつに尽くせ国のため」と、四番の「千島の奥も沖縄も、八洲《やしま》の内の護りなり、至らん国に勲しく、努めよわが背つつがなく」という部分である。確かに、この歌詞なら、海軍兵学校の卒業式や、士官の艦艇からの離任式の際に演奏するにはピッタリの曲であるが、実際には、海軍だけでなく小学校や中学校の卒業式でも『蛍の光』は盛んに唱われた。

注意していただきたいのは、この歌が文部省の『小學唱歌集初編』に掲載された一八八一年（明治十四年）という年代である。一八八九年（明治二十二年）の大日本帝国憲法の発布や、その翌年の帝国議会の開設に先立つこと八、九年という近代国民国家が始まったばかりの段階で、すでに「千島の奥も沖縄も八洲（＝日本）の内」として社会的に認知されていたのである。

それから百三十年が経過した現在、国後島にロシアの大統領（ドミトリー・メドベージェフ）が来ても、尖閣諸島で中国船が傍若無人のふるまいをしても、ハッキリと相手国に対抗し得ない現在の日本政府（菅直人内閣）のあり方には、疑問を持っている国民も多いであろう。中華人民共和国やロシア連邦が台頭するよりもずっと以前から千島の奥も沖縄も日本だったのである。まずは、卒業式の際には、『蛍の光』を四番まで歌う国民運動を始めるべきである。

蛇足であるが、朝鮮王国（李王朝）が清帝国との宗属関係を脱した一八九七年（明治三十年）から一九一〇年（明治四十三年）の日韓併合時まで存在した大韓帝国（李王朝）の国歌である『愛国歌《エグッカ》』は、日本では『蛍の光』として知られた『オールド・ラング・サイン』の曲をそのまま援用しており、イ・スンマン（李承晩）大統領によって、韓国国歌がアン・イクテ（安益泰）作曲の現行曲に改められたのは、なんと一九四八年（昭和二十三年）まで時代が下がる。しかも、アン・イクテの没後五十年を迎える二〇一五年までは、国歌であるにもかかわらず「著作権料」を支払わなければならないという妙なことになっているのである。

ノーベル賞は何で決まるか

二〇一〇年十一月

今年(二〇一〇年)も、二人の日本人科学者がノーベル賞(化学賞)を受賞した。「近年、日本人のノーベル賞受賞者が増えたんじゃない?」と思っている人が多いと思うので、今回は、その謎解きをすることにする。結論から言うと、まさに「そのとおり」である。敗戦の傷跡がまだ癒えぬ一九四九年に湯川秀樹(以下、登場人物の博士等の敬称は省略)が物理学賞を受賞してから、一九九四年に大江健三郎が文学賞を受賞するまでの四十五年間でたったの八人(自然科学分野は五人)しか受賞していないのに、二〇〇〇年の白川英樹の化学賞から今回の鈴木章と根岸英一の化学賞まで、わずか十年間で十人という大量受賞とは、明らかにペースが変わったと言わざるを得まい。

ノーベル賞とは、言うまでもなくダイナマイトの発明者であるアルフレッド・ノーベルの遺言に基づいて、莫大な財産の利子を毎年、「人類のため最大の功績を残した人々に分配する」ために制定された顕彰制度で、一九〇一年からスタートした。科学技術の進歩に伴う大量破壊兵器の発明によって、「戦争の世紀」と運命づけられた二十世紀と共にノーベル賞はその歴史を歩んできたが、私は、ノーベル賞を四つのカテゴリに分けて考えている。第一番目は、物理学賞と化学賞と生理学・医学賞の三つである。第二番目は文学賞。第三番目は平和賞。そして、番外として経済学賞がある。

第一から第三までのカテゴリは、一九〇一年当初から授与されている。経済学賞は、厳密にはノーベル賞ではない。この賞は、スウェーデン国立銀行創設三百年記念として一九六八年に創設された賞で、正式には「アルフレッド・ノーベル記念スウェーデン国立銀行賞」という名の顕彰である。物理学賞と化学賞と生理学・医学賞と文学賞はスウェーデンで、平和賞はノルウェイで選考、授与される。ただし、私個人的には、第一番目のカテゴリである物理学賞と化学賞と生理学・医学賞の三賞だけが「本物のノーベル賞」と思っている。何故なら、文学の評価は、初めから主観的なものであるし、何より、選考委員が世界中の言語を理解できない以上、どうしても「翻訳された」作品をもとに選考することになり、原作が非ヨーロッパ言語の作品は著しく不利である。それは、これまで一一〇名の受賞者の作品の内、原作が非ヨーロッパ言語で書かれたものは、日本語の二人と、ヘブライ語とトルコ語が各一名いるだけで、あとは英語二十六人、フランス語十四人、ドイツ語十三人……と、すべてヨーロッパ語による作品であることからも明らかである。「平和賞」に至っては、今年度の劉暁波《りゅうぎょうは》や昨年度のバラク・オバマを見るまでもなく、世界平和に対するノルウェイ政府のメッセージとして極めて「恣意的な人選」であることは言うまでもない。

という訳で、私が本論で取り上げるのは、物理学賞と化学賞と生理学・医学賞の三賞だけについて考察する。二十一世紀最初の年の日本の総理大臣は、「イット（IT）革命」や「神の国」発言など、在任中あまり評判の良くなかった森喜朗であった。森首相は、「知の創造と活用により世界に貢献できる国として、今から五十年の間に、日本からノーベル賞受賞者を三十人程度輩出する」という具体的数値目標を提起したが、「水もの」の文学賞と平和賞を除けば、二十世紀後半の五十年間に五人しか取れなかったノーベル賞をその六倍の三十人輩出しようというのであるから、評論家やマスコミは森プランを笑い者にした。しかし、その後、十年間で十人受賞したのであるから、この勢いならば五十人受賞も夢ではない……。因みに、日本の十倍以上の人口を有する中国（中華人民共和国）人でノーベル賞（科学三部門）を受賞した人はまだ一人も居ない。アメリカに亡命した中国系が四名と台湾（中華民国）の一名のみである。中国政府に弾圧されているダライ・ラマ十四世と劉暁波の両名が「平和賞」というのも皮肉なものである。

よく、「ノーベル賞受賞者を増やすために創造的教育を！」とか「教育予算の増大を！」などという教育関係者が居るが、これは完全に間違えている。ノーベル賞に値するような発明・発見は、従来の知識の延長上にあるようなものではないので、学校教育の現場で先生から「教えられた何か」によって身に付くというような筋合いのものではない。ここに興味深いデータがある。ノーベル賞が制定された一九〇一年から第二次大戦終結する一九四五年までの国別受賞者数は、ドイツが三十六人、英国が二十五人、米国が十八人である。ところが、大戦によって欧州が荒廃し、「アメリカの世紀」となった二十世紀後半の五十五年間は、アメリカの一人勝ちで、百八十八名ものノーベル賞受賞者を米国は輩出した。しかし、二十世紀の後半になって、アメリカ人の頭が急に良くなった訳ではない。

このことは何を意味しているか？　答えは簡単である。ある国が、今すぐには役に立ちそうもない科学技術の基礎的研究のために、どれだけ「無駄な金」がつぎ込めるかということである。地球に届く範囲の宇宙では「五百年に一度」しか起こらないという超新星爆発時に放出されるニュートリノという素粒子を検出するために、一九八三年、岐阜県の神岡鉱山跡の地下千メートルに三千トンの超純水で満たした巨大タンクを造り、その壁面に直径五〇センチもの光電子倍増管を千本も取り付けた実験装置カミオカンデ――これを使った研究で小柴昌俊が二〇〇二年に物理学賞を受賞――を建造するための予算なんて、泡銭がないと絶対確保できない。しかも、そのわずか十三年後には、その横に五万トンの超純水と一万本以上もの光電子倍増管を取り付けたスーパーカミオカンデを造るなんて、まさにバブルのなせる技以外の何者でもない。

ノーベル賞に選考されるのは、本人がそのことを研究していた時から起算して、早くて十年、遅くて三十年（平均二十年）ほどしてからのことであるから、最近の日本人のノーベル賞受賞ラッシュの原因はそこにある。この勢いはあと十年は続くであろう。しかし、平成になってからの「失われた二十年」という長期経済低迷と、「世界で二番目だったら何がいけないのですか？」とスーパーコンピュータ予算をカットした民主党政権の姿勢が続く限り、二十一世紀の中頃にはまた、ほとんど日本人ノーベル賞受賞者が出なくなるであろう。その意味からも、森首相の「五十年間で三十人」というのが、案外いい線行っているのではないだろうか……。

所在不明高齢者と敬老の日

二〇一〇年九月

ちょうど今号（第三十四号）の『神道フォーラム』が読者のお手元に達するのは「敬老の日」の頃であろう。戦前の『祝祭日』に代わって一九四八年に施行された『国民の祝日に関する法律』に基づいて、一九六六年に「敬老の日」が祝日に加わった。同法によると、「敬老の日」の意義は「多年にわたり社会につくしてきた老人を敬愛し、長寿を祝う」ことである。この日を中心に、町内会や老人施設や寺社等において各種の「敬老」行事が行われ、特に「百歳以上の高齢者」に対しては、市町村等の自治体から「祝い金」や「記念品」が授与されるところも多い。因みに、日本全国で百歳以上の高齢者が四万人以上いるそうである。

ところが、この夏、東京都板橋区の「生きていれば百十一歳になる男性」のミイラ化事件をきっかけに、百歳以上の高齢者が全国で相当数「所在不明」となっていることが明らかになった。阪神淡路大震災があったとはいえ人口百五十三万人の神戸市だけでも、所在不明になっている百歳以上の高齢者が百名以上もあったり、住民基本台帳上では「百二十五歳」や「百二十七歳」という常識では考えれないギネスブックものの超高齢者が各地にゴロゴロいる計算である。人口二百六十六万人のわが大阪市には、全国のホームレスの三分の一に当たる約六千六百人が暮らし、わずか八百メートル四方の西成区「釜ケ崎《かまがさき》（行政上の呼称は「あいりん地区」）」エリアだけでも、年間に三百人以上が路上で野垂れ死にしているぐらいであるから、百歳以上の高齢所在不明者数を正確に把握することすら難しいであろう。行政関係者は責任を負いたくないから誰も言い出さないが、この「所在不明者」の年齢制限を、百歳以上から九十歳以上とか八十歳以上に緩和すれば、それこそ何万人単位の「所在不明者」が出るであろう。

このような問題が起こる原因は、マスコミや専門家がしたり顔で説明するように、「自治体のタテ割り行政の弊害」（住民基本台帳を管理する戸籍課と高齢者のケアを担当する福祉課間の相互連絡の不備）であったり、遺族が亡くなった高齢者の年金を詐取し続けるために「生きていることにしておく」といった心賤しい行為であったりだけであろうか？　もっと根深いところに原因があると思う。ある統計によると、独居世帯の住人（ほとんどが高齢者）の内、三七パーセントの人が「正月三が日を一人で過ごした」そうであり、二七パーセントが「病気・怪我等の緊急時に誰も来てくれない」そうである。これらの人にもし何か起こったら「孤独死」する可能性はかなり高いであろう。また、満五十歳の時点で一度も結婚したことのない男性の割合は、二〇〇五年の時点でも一六パーセント、二〇三〇年には二九パーセントになると推定されている。五十歳の日本人男性の平均余命は約三十年（＝現在五十歳の人の半数が八十歳まで生きられるという意味）だから、これらの男性の半数が三十年後には孤独死をする蓋然性が極めて高いと考えざるを得ない。とんでもない人数になる。

まさに「無縁社会」の恐怖である。それにもかかわらず、個々人は「気ままな生活」を主張し、行政は「個人情報の保護」を隠れ蓑に、その社会的責務を果たそうとはしない。伝統的な日本社会においては、「共通の先祖祭祀」を中心に据えた「家」という集団が独居老人を作らないようにし、「氏神・氏子」関係を基に「共同体の祭祀」が行われ、不幸にして独居老人が発生してしまった場合でも、地域共同体がそのお世話をしてきた。主として、前者は仏教によって担われ、後者は神道によって担われてきた。生物学的な比喩を用いれば、前者は遺伝子的な条件であり、後者は環境的な条件であるとも言える。その両者間の微妙なバランスが保たれて、日本人社会が今日まで続いてきたのである。ただし、これらの伝統的な価値観は、現在ほぼ破壊されたと言っても過言ではない。かろうじて残っている家系や地域もないことはないが、歳月はドンドン経過してゆくので、それとて「絶滅危惧種」の運命にあると言えよう。

二〇〇〇年から「ハッピーマンデー制度」と称して、いくつかの国民の祝日が、それぞれの制定の由来をまったく無視して、単に「土・日・月の三連休」にするために移動祝日となった。しかし、よくよく考えてみれば判ることであるが、「敬老の日」を祝って貰う高齢者のほとんどは、すでにリタイヤした人々であるから、はじめから「毎日が日曜日」みたいなものである。なのに、「多年にわたり社会につくしてきた老人を敬愛し、長寿を祝う」べき〝現役〟世代の子どもや孫たちが遊びに行くことを優先した「土・日・月の三連休」への祝日変更は、高齢者に対する許し難い冒瀆である。おまけに、「敬老の日」が「九月の第三月曜」になって「祖先をうやまい、なくなった人々をしのぶ」ための祝日である「秋分の日」と限りなく近づいてしまった。ひょっとして「高齢者はご先祖様に近い（もうすぐお迎えが来る）から」というようなとんでない理由ではないと思うが……。事実、昨年（二〇〇九年）なんかは、お彼岸の期間中の九月二十一日に「敬老の日」が移動してきたので、仏教寺院なんかでは、恒例の敬老行事のできなかったところも多々ある。伝統とは、不断に努力しないと守れないものであることを指摘しておきたい。

口蹄疫禍と生物多様性　二〇一〇年七月

宮崎県が口蹄疫禍に見舞われている。「政府と地元宮崎県の初動が遅れたから……」という点については、余人も指摘しているので、あらためて述べるまでもない。今から九年前の春、あの玄奘三蔵法師も仰ぎ見たとされるバーミヤンの石仏がアフガニスタンのイスラム原理主義政権タリバーンによって破壊された二〇〇一年の三月、私は英国で口蹄疫騒動を実際に体験したことがある。牧畜は西洋文明の根源であるので、稲作漁労文化の日本と比べて、口蹄疫禍の社会に与える打撃は遥かに大きい。殺処分した牛・豚・羊の頭数は、宮崎県のそれと比べても桁違いであった。

実際、英国人の「対策」は徹底していた。郊外の田園地帯はもとより、およそ牛・豚など一頭もいないであろうロンドンの市街地においても、公園など歩けば靴底に土が付く場所は一切「立ち入り禁止」となった。欧米のように、広大な牧場で放牧されているのなら、ある程度、自然な感染拡大はやむを得ないところがあるが、日本の黒毛和牛のように、一頭一頭、牛舎で個別に飼育されている牛たちの間で口蹄疫が自然感染することなどあり得ない。給餌や掃除や出荷などの作業のために牛舎間を移動する人間の靴底や着衣に口蹄疫ウイルスが付着して感染拡大したのに決まっている。なのに、農水省や県の防疫関係者が牛舎間を巡回するのは致し方ないにしても、東京から大挙して訪れたマスコミ関係者が、傍若無人に畜舎まで車で乗り付けて取材して回っている行為そのものが感染拡大の一因となっているとは、何故、思わないのであろうか？

宗教について考える上で、「牧畜」と「農耕」というのは、ひとつのキーワードになる。ユダヤ・キリスト・イスラム各教（一神教）の元となった旧約聖書の神（ヤハウェ）は、この牧畜をする民を愛した（というよりも、牧畜をする民が創り出した神こそがヤハウェである）。最初の人類であるアダムとイブがもうけた二人の息子カイン（農耕民の祖先となった）とアベル（遊牧民の祖先となった）の兄弟はどちらも、神に対してその初生りを供えたが、神は兄カインの初穂《はつほ》に難癖をつけて、弟アベルの供え物（羊の初子）を受け取った。そのことを根に持ったカインは、弟アベルを殺すという人類史上初の「人殺し事件」が起こるのである。カインは地の表から追放され、エデンの東に住んだ。一方、神は殺されたアベルの代償として、アダムにさらにもうひとりの息子セツを授ける。このセツが「（ユダヤ教的には）正統な人類」の先祖となり、その八代目の子孫が有名なノアである。そして、ノアはその三人の息子セム・ハム・ヤペテとその配偶者たち共に、神によって起こされた「大洪水」を乗り切り、その後の人類の祖先となった。旧約聖書の神ヤハウェは、罪を得て失楽園したアダムに対して「おまえは土（ヘブライ語では「アダマ」）に帰る」と呪い、地を耕すカインを差別し、大洪水によって汚された大地そのものを拭い去ろうとした。明らかに「土」を嫌う神であると同時に、自らの意に添わぬものは、たとえ人間や動物であっても、皆殺しにして世界をリセットすることぐらい平気な無慈悲な神を戴いているのである。

一方、今回の口蹄疫禍の報道を見ていても、日本人は「ワクチン注射を打たれる時の牛の啼き声が悲鳴に聞こえた」とか、「(殺処分のため、牛舎に入る人が)牛と目を合わせるのが辛かった」とか、これ以上の感染拡大を防ぐためには全頭殺処分するしかないということぐらい、畜産農家の方々は皆、理屈では解っていながら、それでもなお「忍びない」とか、「申し訳ない」と、牛や豚に手を合わせながら殺処分しているのである。おそらく今回の騒動が一段落したら、大規模な「慰霊祭」も営まれることであろう。人によっては、「どうせ出荷する時には屠殺するのであろう」という人が居るかも知れないが、それは全く違う。たとえ、最終的には人間に食べられる運命であった牛・豚でも、その目的を達せずに無駄死にさせなければならないというのは、文字通り「勿体ない(そのいのちが持っている本来の機能を全うしない)」のである。そのことに対して、日本人のこころが悼むのである。

そもそも、今回の口蹄疫禍の根元的な原因は、日本における食肉用「高級和牛」の生産システムにある。超高価な霜降り肉を生産するため、「優秀な(霜降り肉を多く付ける)遺伝子」を有するごく少数の牡牛のみを「スーパー種牛」として独占的に種付け(交尾・人工授精)させ続けた結果、日本中の黒毛和牛の遺伝子の型が非常に似通ってしまったからである。外国のように、放牧地で牛が好き勝手に交尾していれば、牛の一頭一頭は皆、遺伝子の型はまるっきり異なっている。しかし、現在の日本の黒毛和牛のように全頭の遺伝子が平準化してくると、いったん感染症に冒されたら、その原因たる病原菌やウイルスは、次から次へと加速度的にその被害を拡大させていく。何故なら、それらの牛たちは皆、ほとんど同じ遺伝子の型を持っているので、病原菌やウイルスの側も、なんら遺伝子を変異させることなく、次々と効率よく感染して行くことができるからである。その意味で、「多様性」こそが豊かな生物圏の持続性を担保しているのである。まさに「八百万《やおよろず》」である。本年十月に名古屋で開催されるCOP10(生物多様性条約第十回締約国会議)に私は出席する予定であるが、世界各国からの参加者に対して、この神道的な価値観を強く訴えるつもりである。

上海万博は中国を変えるか？

二〇一〇年五月

世界百八十カ国が参加する上海万博（正式呼称は「二〇一〇年上海世界博覧会」）が開幕した。グローバル経済の中で「日の出の勢い」の上海で開催されるだけでなく、十三億という世界最大の人口を誇る中国で開催される万博ゆえ、おそらく、万博史上最大の来場者数一億人を突破することは間違いないであろう。そこで、今回は「万博」というものについて考えてみよう。最初に言っておくが、私はかなりの万博マニアである。小学校六年生の時に開催された一九七〇年の大阪万博（正式名称は「日本万国博覧会」）に始まって、一九七五年の沖縄海洋博、一九八五年のつくば科学博、一九九〇年の大阪花博のすべてを見物した人はそう居ないであろう。二〇〇五年の愛知万博（愛・地球博）にいたっては、『こころの再生・いのり館』というパビリオンまで宗教界に呼びかけて設置し、自らその運営に関わったぐらいだ。しかし、年間入場パスまで購入して何度も会場に足を運んだ花博や愛・地球博なんかよりも遥かに私自身に衝撃を与えたのは、なんと言っても一九七〇年の大阪万博であった。

一八五一年の第一回ロンドン万博以来、百六十年の歴史を有する国際博覧会であるが、日本が最初に参加したのは、幕末の一八六七年に開催され、徳川幕府と薩摩藩と鍋島藩がそれぞれ出展した第二回パリ万博であった。そこから派生した「ジャポニスム」は欧州の芸術に大きな影響を与えた。一八七八年の

第三回パリ万博では、蓄音機・自動車・冷蔵庫等が登場し、フランス革命百周年を記念して開催された一八八九年の第四回パリ万博では、エッフェル塔が建設された。一八九三年にコロンブスのアメリカ大陸発見四百年を記念して開催されたシカゴ万博では、前々回（『神道フォーラム』第三十号）に紹介した人類史上初の万国宗教会議も万博の一環として開催された。このように、人類の「近代史」と万博とは切っても切り離せない関係にある。

その割には、今回の上海万博のテーマ『より良い都市、より良い生活』は、一九七〇年の大阪万博のテーマ『人類の進歩と調和』と比べて、あまりにもミーイズムというか功利主義の臭いがするが、四十年前の大阪万博と今回の上海万博とは「共通性」もある。戦後の焼け野原から再出発した日本が、高度経済成長のプロセスで、一九六四年の東京オリンピックと一九七〇年の大阪万博という二大国家イベントを経て「世界第二の経済大国」にのし上がったことと、文化大革命という「経済的焼け野原」から市場経済へと転換した中国が、二〇〇八年の北京オリンピックから二〇一〇年の上海万博を経て「世界第二の経済大国」へとのし上がったという「共通性」である。

一九七〇年の大阪万博の時に初めて登場し、その後、われわれの生活で広く普及したものは相当ある。「動く歩道」、「エアドーム（「月の石」を展示したアメリカ館）」、「テレビ電話（なんと「迷子照会用」に使われた）」、「ワイヤレスフォン（携帯電話）」、「電気自動車」、「ロボット」それに、「ガードマンによる雑踏整理」もこの時からだ。三洋電機館には「人間洗濯機（現在では、老人介護用入浴補助機）」といった代物もあった。また、食文化では、大阪万博で初めて紹介されたファーストフードとしてのピザ、ハンバーガー、フライドチキン等その後の日本人の食生活の定番になったものも少なくない。また、万博会場で怪獣が大暴れするウルトラマンの『怪獣殿下ゴモラ』や『ガメラ対大魔獣ジャイガー』を視て、「もうすぐ始まる『万博』ってどのようなものなのだろう……?」と想像に胸を膨らませたものであった。それから四十年を経た現在でも、映画『二〇世紀少年』シリーズのように、大阪万博が大きなモチーフとなっている作品すらあるくらいだ。

このように、同じ世界的イベントとは言っても、わずか二週間しかその開催期間がなく、その上、世界の超一流アスリートたちは隔離された特定の場所(選手村や競技施設内)に居て、一般市民とは容易に交流できなかったテレビ見物型の東京オリンピックと、六カ月間もの長期にわたって、敗戦国日本の一般市民に対して戦勝国(大阪万博に参加した主要国はたいてい戦勝国)のコンパニオンたちが笑顔でサービスしてくれた一般市民参加型の大阪万博とでは、それを「体験」した日本人の数も質も大いに違っていて当然であろう。かくして、「こんにちは〜、こんにちは〜♪」と、世界の国からではなく、連日、日本国中から津波のように押し寄せた「大衆」——かくして、半年間に日本の総人口の半分以上で、万博史上最高の六千四百万人が来場……。この記録は、四十年経った現在でも、まったくもって更新されていない——によって、「万博」という「非日常」世界が共通体験化されていったのである。

大阪万博以前と以後とでは、日本の社会はすっかり変容した。安保闘争をはじめとする政治への国民の能動的な意思表示は消滅し、しかも、皮肉なことに、その三年後（一九七三年）のオイルショック（石油危機）によって、無制限な「人類の進歩」があり得ないことも知ってしまった。はたして、十三億の中国人民は、上海万博を経験した後、為政者たちには思いも寄らないどのような変容を遂げるのであろうか、楽しみである。

ファラオと石油王

二〇一〇年三月

群像社ライブラリーから刊行された『プロコフィエフ短編集』を読んだ。二十世紀の前半に活躍したセルゲイ・プロコフィエフというロシア人音楽家が、ボルシェビキ革命の翌年、第一次世界大戦の勃発で混乱するロシアからアメリカへ逃れるために、そのまま大西洋を渡らずに、何故かペトログラード(現サンクトペテルブルグ)→モスクワ→ウラジオストクとシベリア鉄道で大陸を東回りに横断し、日本に二カ月間も滞在した後、海路サンフランシスコへ渡り、大陸横断鉄道でニューヨークへと大旅行した道中で——その間、作曲できなかった彼の創作意欲の捌け口として——書かれたいくつかの幻想的な短編小説が収録されている。

毒キノコに誘われた少女がエメラルドに満たされた地下王国を冒険する話や、聖書の伝説さえ否定しかねないアッシリア学者の大発見に触発されたエッフェル塔がバビロンの塔に合おうと自ら走り出しヨーロッパを大混乱に陥れる話等々、一見奇天烈な話が小気味よいテンポで並んでいるが、中でも私が気に入ったのは、『気まぐれな紫外線』という短編である。ある時、カントの娘である「時間」という名の紫外線の女神と、「空間」という名の赤外線の女神が、天上界でサボタージュをすることから物語は始まる。

場面はいきなり、現代(二十世紀初頭)ニューヨークの摩天楼の三十一階で、マッキントッシュという資本家が石油鉱床の権利を取得する場面に転換する。ところが、この資本家がふとバルコニーの外に目を遣ると、そこに見えた景色は超高層ビル群ではなく、なんとケオプス(クフ)王のピラミッドであった。しかも、「ペトラ・ウ(いったいどういうことだ)?」大声で怒鳴りながらこちらへ向かって来るファラオと目が合ってしまう。ファラオは急に家来が居なくなったので不機嫌であったが、自由と民主主義と共和制の国アメリカの市民であるマッキントッシュは、ファラオには低頭しなかった。

ファラオは、資本家の服装を見て彼が「異邦人」であることに気づき、アッシリア語で話しかけてきたが、資本家にはエジプト語同様意味不明であった。苦し紛れに資本家が、何十年も前にオクスフォードで棒暗記したギリシャ語の「善き神々よ、なんと善き日を与えたもうたことか!」というオデュッセウスの冒険譚の一節を口走ったことが、尊大であったファラオの態度を変えた。微笑んだファラオは、ギリシャ語で「私はエジプトの君主にして統治者プサメティク一世である。お前は、何者か?　皇帝か、神官か、奴隷か?」と尋ねてきた。もちろん、二十世紀のアメリカにはそのような「身分」などないが、資本家は咄嗟《とっさ》に、「私は石油王(ペトロル)である」と応えた。ファラオは、相手が外国の王だと知り上機嫌になったが、「ペトロル」という国名を知らなかったのでその意味を尋ねた。もちろん、資本家がファラオに返答するには彼の語学力は不十分であり、彼は知っている限りのギリシャ語の単語を並べて「石油とは、光だ!　太陽だ!」と叫んだ。

すると、ファラオは、会釈して「われらも偉大なる太陽を崇めている。そして、われらも暗愚な民の間に光を広めようと務めている」と語った。共通の価値観を持っていると思った資本家は、「これまでに十二の大学に奨学金を設定し、絶滅寸前のインディアン(先住民)の学校に助成した」と自慢した。ファラオは負けじと、「アッシリアを攻めた時、十二の町を住民もろとも焼き払ったのは、彼らが偉大な太陽神を崇めなかったからだ」と言った。頓珍漢な「対話」であったが、両者に共通しているのは、自らの力の及ぶ限り、自らの信じる価値観=文明を広げてきたことである。

この後も、奇妙な「物語」が進展するが、ロシア人である作者がアメリカという国をどう見ていたかが判る。最初に述べたように、社会主義革命で混乱するロシアを逃れ、「脱亜入欧」のプロセスを驀進《ばくしん》していた大正時代の日本を経由し、地球を一周して資本主義文明の象徴であるニューヨークに到着したプロコフィエフが見たアメリカ人の尊大さ……。すなわち、「神に祝福された自分たちこそ人類文明の最先端におり、自分たちは『未開』の哀れな諸国民を『文明』へと引き上げてやる使命を神から与えられた『選民』である」と自己認識しているアメリカ人への強烈な風刺が、古代エジプトのファラオと現代アメリカの石油王という二人の男の対話を通じて表現されている珠玉の作品であり、皆さんもご一読されることをお奨めする。

最後に、この短編集を翻訳したサブリナ・エレオノーラ女史は、モスクワの医者一家に生まれたが、学生時代に「外の世界を見てみたい」と、一九七〇年の大阪万博(日本万国博覧会)のソ連館のコンパニオンとして来日……。以来、すっかり日本ファンになり、その後、モスクワ国立大学において日露交流史の研究で歴史学の博士号を取得。現在、日本の複数の大学で教鞭を執っている。

万国宗教会議とは何か？

二〇一〇年一月

昨年（二〇〇九年）十二月三日から九日まで、オーストラリアのメルボルンで「万国宗教会議」二〇〇九が開催され、ダライ・ラマ十四世をはじめとする世界各国から数千名の宗教者はいうまでもなく、ジミー・カーター元米国大統領ら退任後も国益を離れて国際的な視野で活躍する政治指導者、さらには、アボリジニーへの先住民政策で国際社会をリードするオーストラリアに学ぼうと、北米先住民であるファーストネーションや中南米のインディオや日本のアイヌなども数多く参加するなど、宗教対話の世界では最大の〝イベント〟に参加した。

「万国宗教会議」そのものは、コロンブスの「新大陸発見四百周年」を記念して一八九三年にシカゴで開催されたコロンビア万博の際に、一カ月間にわたって数千人の宗教指導者を集めて世界ではじめて開催された諸宗教による国際会議「万国宗教会議」に由来する。イスラム勢力に妨害されることなく、欧州（スペイン）から「西回り」で香辛料の産地インドへ直行するルートを求めて航海に出たコロンブスが、結果的には「アメリカ」という新大陸（現代のカリブ海の島々を当時は「西インド諸島」と呼び、そこに暮らしていた先住民を「インディオ」と名付けた）を〝発見〟することになったことは、誰でも知っている話である。ただし、新大陸の先住民たちは、白人によって駆逐され、キリスト教という白人たちの価値観による新しい「国家」が次々と建てられた。そこには、新たな労働力としてアフリカ大陸から強制連行されてきた黒人〝奴隷〟という悲劇の要素も加わって、五百年を経過した現在でも、この大陸に多くの後遺症が残っていることは言うまでもない。

中でも、アメリカ合衆国という国は、英国から移民してきたアングロサクソン系のプロテスタント――これを「WASP」と呼ぶ――によって建国された国家であり、歴史上、類を見ない成功を収めた国家となった。しかし、今でこそ黒人が大統領になれるほど多様な価値観が許容される国家となったが、この国の初期(東部のニューイングランド)は、現在の中東イスラム諸国以上のとんでもない〝神権政治〟国家であったことは、日本ではあまり知られていない(高校の世界史の教科書には載っているが……)。同じ「白人」でも、遅れてやってきたアイルランド系やイタリア系やポーランド系のカトリック教徒などは、WASPからは明らかに差別されていた。しかし、合衆国が建国されて約百年が経過した十九世紀末には、大西洋を越えて「遅れてやってきた」白人たちや、太平洋を越えて新たに中国(清国)や日本からやってきたアジア系住民の人口が爆発的に増加し、文化的・宗教的にもWASPが無視できない勢力となってきた。

そのような中で、シカゴでコロンビア万博が開催され、件の万国宗教会議が招集されたのである。もちろん、主催者たちは、諸宗教の存在を認めはするが、それはあくまで、〝究極の宗教〟であるところのキリスト教への進化の途上にある段階の宗教……。あるいは、〝太陽〟たるキリスト教の回りを公転している〝惑星〟のごとき存在としての諸宗教として、諸宗教をキリスト教中心のヒエラルキーへ編入を試みたものであった。しかし、少数ではあったが、はるばる東洋から参加した上座部仏教代表のダルマパーラやヒンズー教系新宗教の教祖スワミ・ヴィヴェーカーナンダや臨済宗円覚寺《えんがくじ》派管長の釈宗演《しゃくそうえん》らから寄せられた講演は、欧米のキリスト教指導者たちの予想を遥かに凌ぐレベルの高い内容で、「キリスト教の優位性」の証明を目論む彼らに、大きな衝撃波となって伝播して行った。

私は、その万国宗教会議の精神を引き継いで、一九〇〇年にボストンで創立されたIARF（国際自由宗教連盟）の国際評議員のひとりである。また、万国宗教会議百周年を記念して一九九三年にシカゴで開催されたのが、今日の万国宗教会議である。それ以後、一九九九年には南アフリカのケープタウンで、二〇〇四年にスペインのバルセロナで万国宗教会議が開催されたのに続き、第四回目の万国宗教会議が『違いを認め合う世界を創り出そう：互いを癒し、地球を癒す』をテーマに、オーストラリアのメルボルンで開催されることになった。テーマにも、百年間の進歩の跡が伺える。

私は、与えられた一時間のプレゼンテーションの際に、聴衆の五感全てに訴えるため、わざわざ装束姿で正装し、雅楽の生演奏をバックに全編英語での神式儀礼を行うと共に、第二の「ヴィヴェーカーナンダ」たらんと、独自の価値観からの講演と質疑応答を行った。おかげで、プレゼン終了後、急遽、地元テレビ局からの出演依頼や国際ラジオ放送から収録を頼まれるなど、「日本的価値観」について、それなりの発信ができたものと自負している。

民の竈《かまど》は賑わい増しぬ

二〇〇九年十一月

　鳩山由紀夫内閣が誕生してはや二カ月が経過した。これまでの与党と野党が攻守所を変えて、すでに国会で論戦を繰り広げている。先の総選挙の結果、民意は「長年続いた自民党政権を終わらせ、一度民主党にやらせてみよう」ということだったので、当然ながら、鳩山内閣は麻生前政権が立てた補正予算の執行を途中で強制終了させ、自らの手で、総選挙時の『マニフェスト』に基づき、平成二十二年度予算を策定するということになった。

　「一寸先は闇」と言われる政治の世界で、飽きの早い国民に「目に見える形」で変化を実感させなければ「(自公政権と)たいして変わりない」と思われてしまうので、鳩山政権の閣僚たちは、先を争って「目に見える変化」を演出しようとしているように見える。そんな中でも、発言が最もドラスティックな閣僚と言えば、亀井静香金融・郵政改革担当大臣に勝る人はいないであろう。亀井氏は、二十一世紀に入って以来、この国が執り続けてきた『新自由主義経済(＝金融資本主義)』いわゆる「小泉・竹中路線」に対して、徹底して「否」を唱えてきた人物である。その結果は、昨年秋の米国発の金融危機(リーマン・ショック)に端を発する世界同時不況によって、完全に証明された。

　私が、本『神道DNA』欄において、これまで『一言主《ひとことぬし》の末路は……』、『国常立《くにとこたち》景気？』、『超低金利が日本をダメにした』、『ETに騙されるな』など、一貫して金融資本主義を批判してきたことは、読者諸賢もよくご存じであろう。その意味で、三宅善信の思想は、経済に関する限り、「アンチ新自由主義経済」論のラディカルさにおいて亀井静香氏と相通じるものがあると言えよう。

四年前、「郵政民営化さえすれば日本の経済は良くなる」と言って、自民党政権に三百議席をもたらせた小泉純一郎首相(当時)による『郵政選挙』で自民党を追われて以来、「郵政民営化に反対」を党是の「一丁目一番地」としてきた国民新党代表の亀井氏が、郵政改革担当大臣となったからには、郵政民営化のプロセスを逆戻ししようとするのは当然としても、大臣就任早々「銀行から融資を受けている中小零細業者や、借金で困窮している個人に対してモラトリアム(支払い猶予)を実施する!」と宣言したものだから、回復の兆しを見せていた銀行や証券会社などの金融関連銘柄の株価は、ビックリ仰天して一気に下落した。いわゆる『亀井ショック』である。

この「モラトリアム」発言に対して、当の金融業界だけでなく、マスコミ各社や政治・経済評論家たちも一斉に批判を展開した。その多くは、銀行から融資を受けている中小零細業者の「モラル・ハザード(自己規律の欠如)を招く」というものであった。しかし、よく考えてみれば、この十年間、大手金融機関の破綻を回避するために「公的資金(=税金)」を湯水の如く注ぎ込んでこれを救済したことは、モラル・ハザードではなかったのか……? 大規模小売業者の倒産を避けるために融資元銀行に千億円単位で債権放棄させたことは、モラル・ハザードではなかったのか……? 今また、日本を代表する航空会社の破綻を防ぐためにしているいろいろな公的支援策は、モラル・ハザードではないのか……？　これらの行為が皆、「日本を代表する大企業だから潰せない」という理由だけで許されて、銀行からの融資を毎月必死で返済し続けている中小零細業者から、銀行側の勝手な理由（＝BIS規制の遵守）によって生じる「貸し剥《は》がし」行為は、モラル・ハザードではないのか……？

千数百年の昔、当時は上町台地を除く一面が海岸線の深く入り込んだ低湿地帯であった摂津国の難波《なにわ》（＝現在の大阪市）の地で、大型船が入港できるように「堀江」を開削したり、淀川と旧大和川の合流による氾濫を防ぐため「茨田堤《まんだのつつみ》」を建造するなど「大規模公共工事」を推進した仁徳天皇――洋の東西を問わず、大規模公共工事を好む帝王は、徴用される民衆の側からは嫌われるのが常であるが、この天皇は、世界最大の墳墓と「仁徳」というその立派な諡《おくりな》からしても、人々から相当慕われたのであろう――が高津宮《たかつのみや》の高楼から難波の街を見下された時、夕餉《ゆうげ》時にもかかわらず、庶民の家々から煙が立ち上っていないことに気づかれ、朝臣に尋ねたところ、「庶民の生活が苦しい」と知り、これを憂われて、「三年間税金を免除した後、再び高楼に昇って国見をされた際、家々から盛んに煙が立ち上っているのをご覧になって「民の竈《かまど》は賑わい増しぬ」と喜ばれたという故事からも明らかなように、「百年に一度」という未曾有《みぞう》の経済不況を脱するためには、「三年間のモラトリアム」を実施するぐらいの発想の柔軟性がなければ、力強い経済の回復はとても期待できないであろう。

ゴッド・イズ・ラブ・アンド・ピース

二〇〇九年九月

神道国際学会が設立十五周年を迎えた。設立当初から、微力ながら関わらせていただいている者としては、格別の感慨がある。既に物故者となられた中西旭初代会長、米山俊直二代副会長のご功績は申すまでもなく、創設以来、物心両面にわたって多大な貢献をしてくださった初代副会長の半田晴久先生にも、格別の謝意を献じたい。

もともと「世界宗教」であった仏教やキリスト教やイスラム教とは異なり、ある意味「日本人にしか解らない部分がある」と思われていた神道を、広く国際的に理解してもらうという大それた試みに魅力を感じてこの会に入らせていただいたが、実際に判ったことは、実に多くの外国人研究者が、日本人以上に神道の本質を理解していたかということと、私が思っていた以上に、日本人自身が神道の本質について理解していなかったかという事実であった。これは、広い意味での「日本人」一般はもとより、現場の神職や神道の研究者についても言えることであった。

その意味で、神道国際学会がこの十五年間に果たしてきた役割は大きい。日本国内においては、神道というものに対する新しい見方(気づきの機会)を提供し、国外にあっては、「深い理解」をしているとはいえ、「マイノリティ」として世界各地に点在していた研究者同士が相互に交流し、広く社会に発表する機会を提供してきたことは、「神道国際学会があったればこそ」のことと、大いに自負して良いと思う。

さて、この構造は、何も神道国際学会についてだけ言えるものではない。私の本来の研究テーマは「宗教対話の方法論」についてである。人は、自分が持っていないものを持っている人と出会ったとき、二種類のアンビバレントな感情を持つ。ひとつは「警戒感」という拒絶反応であり、もうひとつは、「好奇心」という親近感である。前者は当然、彼我の相違点を探そうとし、後者は当然、彼我の共通点を探そうとする。それは、「宗教現象」を研究テーマとしている宗教学者だけでなく、日々、布教活動に取り組んでいる現場の宗教家においても言えることである。

私が、研究者としてだけでなく、実践家としても長年、身を置いてきた諸宗教間対話の世界においても、面白い現象が見られる。多くの人は、ひどく狭い教条主義的な「原理主義教団との対話は難しい」と思い、一方、「リベラルな教団との対話は容易である」と考えがちである。

しかし、実際にはものごとはそう単純ではない。よく日本で言われる例に、「登る道は違っても、目指す頂《いただき》は同じである」という言葉があるが、とんでもない考え違いである。ものごとはプロセスこそ肝心であり、また、たとえ同じ頂上に辿り着いたとしても、そこから東を向いて見える景色と西を向いて見える景色とではまったく別のものである。ところが、この「登山道の譬《たと》え」を主張する人ほど、その構造上の問題点を指摘されると機嫌を悪くする例を私は何度も見てきた。

また、宗教対話の世界で陥りがちな勘違いとして、宗教会議に終えた宗教者同士が別れ際に、「ゴッド・イズ・ラブ・アンド・ピース(God is Love and Peace)」と言って、お互い解り合えたような気分になって抱き合ったりしている。しかし、イスラム教の神《アッラー》と神道の神《カミ》は別物であろう。また、キリスト教の愛《アガペー》と仏教の愛《メッター》も、さらに、ユダヤ教の平和《シャローム》とヒンズー教の平和《シャンティ》も、皆それぞれに別物であろう。さすれば、実際には、相互に似て非なるものを「解り合えた」と勘違いしているだけに過ぎないのである。

ただし、お互いが解り合える方法がまったくないかと言えば、実はそうではない。先ほどの例で言えば、「ゴッドとラブとピースは、それぞれ別物である」と言ったが、一見、宗教性にはまったく関係ないと思われていた「イズとアンド」の部分については、まったく意見が一致しているからである。すなわち、「A=B+C」という数学的な論理構造の部分である。実は、諸宗教間の理解とは、この構造の類似性について相互に理解を深めることであり、そのプロセスを通じて相互の信頼を醸成することなのである。

ところが、「宗教対話」を売り物にしている教団ほど、この基本構造の部分に対する畏敬の念が乏しいのが現実である。ラブやピースの厳密な定義を棚上げにして、無批判な「実践活動」による量的成果(金額や動員人数の多寡)を競うのである。そして、その活動の構造上の問題を指摘する者に対しては、「些細なことにこだわって対話を妨げる者」として、容赦のない攻撃を加えるのである。これなら、はじめから対話を拒否する原理主義教団のほうが、スタンスが定まっているだけ社会的実害が少ない。彼らにも「A＝B＋C」という数学的な構造の部分は理解できるし、その構造に沿って説明していけば、彼らも納得できるからである。皆さんの周りにも、心当たりの宗教者や教団があるであろう。

無農薬有機栽培というエゴ

二〇〇九年七月

意外と思われる向きもあるかと思うが、私は幼少の頃から植物の栽培が好きである。「年中無休二十四時間営業」のコンビニのような人生を送っている私であるが、出張などから帰ったときは、妻子よりもまず、玄関先の植木鉢の生育状態チェックである。よく、家人やスタッフから「人にはとても厳しいのに、お花は猫可愛がりなんですね……」と嫌みを言われるが、当たり前である。仕事のできない奴ほど、手加減してやらないとすぐに逃げる（責任放棄する）し、失敗をちょっと叱責すると、逆ギレする輩までいる。その点、植物は、せっせと延ばしたその枝を突然バッサリと剪定されようが、うっかり灌水を忘れて枯らされようが、文句ひとつ言わずに、自分に与えられた場を精一杯生きている。まさに「一所懸命」である。人間たる者もかくありたい。

この時期、私の家庭菜園には、イチゴ・スイカ・ナス・トマトなどがたわわに実っている。初生りをもいでは神前に供え、天地自然の恵みに感謝してから頂く……。まさに、その「いのち」を「頂く」から「いただきます」である。もちろん、家庭菜園と言っても、コンクリートに囲まれた大阪市内に暮らしているので、大きめの植木鉢が十数鉢とプランターが二個あるのみである。それでも、あんなちっぽけな鉢で育ったのに、鮮やかなナスの紺色や最近のトマトの甘さやイチゴの大きさには驚かされる。

ところが、私が手塩に掛けて栽培した果物や野菜は、妻子やスタッフの女性陣にはすこぶる評判が悪い。味はマーケットで売られているそれらの商品と遜色ないと思うのであるが……。理由は、一点に尽きる。その肥料に私自身の尿(稀釈発酵させたもの)と私が飼っているカブトムシやクワガタムシの糞(幼虫がクヌギのおが屑を消化した小豆大の無臭の排泄物)を使っているからである。私の尿なんか、通常のアンモニア(窒素分)だけでなく、体調によっては糖分や蛋白まで下りているから、栄養たっぷりのはずである……。しかし、その話を聞きさえしなければ、おそらく「甘くて美味しいね」と言って食べたはずの野菜や果物は、彼女らの目には、忌避されるべき禍々しい物体へと成り下がってしまうのである。

ところが、私自身は、スーパーやデパ地下で農作物を買う時、それが「有機・無農薬栽培」かどうかなんかは一切気にしないが、彼女たちは「これは有名な○○農場産の無農薬」とか「××式有機栽培」とか言って、かなり値の張る野菜や果物を自慢げに購入してくる。それで、「私は健康に気を遣っている」とか「地球に優しいエコ」とか、したり顔で自説を開陳する。そこで、私はすかさず、「じゃ何故、メイド・バイ三宅善信の有機・無農薬野菜(果実)を食べない?」と訊くと、「そんなもの嫌です!」と答えが帰ってくる。私は追い討ちをかけて「どこの馬の骨か判らない奴の糞尿がかかっているかもしれない有機野菜を有り難がって食するくせに、由緒正しい私のオシッコが……」と喧嘩になる。それどころか、「あなたのせいで、玄関先に小バエが湧いて気持ち悪いから」と言って、たかが小バエのために、ゴキブリ退治用の強力殺虫剤を私の大事にしている野菜や果物に吹きかけている。

私は、二十世紀を代表する十の偉大な発明に、農薬と化学肥料を数える。数千年間に及ぶ人類の農耕の歴史上、初めて登場した農薬と化学肥料は、農業のあり方を劇的に変え、その収穫量を格段に飛躍させた。都会のコンクリートで囲まれたわが家の植木鉢にも〝害虫〟がどこからともなく飛んできて食害するのであるから、豊かな自然環境に囲まれた農地では、農業とは「害虫との闘い」を意味するのであろう。同様に、農作物を栽培するということは、単なる光合成による炭酸同化作用だけではなく、大地からそれだけの栄養分（窒素・リン酸・カリや各種ミネラル分）を簒奪《さんだつ》することであるから、連作するには必ず、なんらかの〝肥料〟を施さなければならない。

ＦＡＯ（国連食糧農業機構）やＷＦＰ（世界食糧計画）等の資料によると、化学肥料を使わないとなると、世界の農産物の収穫量は半減する。さらに農薬を止めると、せっかく実った農作物の半分が害虫に食害されるそうである。つまり、すべて「有機無農薬栽培」にすれば、世界の農業生産量はわずか四分に一に減少してしまうのである。六十五億（当時）の人類の内、九億人が飢餓や栄養不良に苦しみ、地球上で毎日、二万五千人が飢えでいのちを落としているという事実を皆さんはどう考えるのか？　なるほど、豊かな先進国に暮らすわれわれは、世界的な不作によって、たとえ穀物の値段が五倍になったとしても、毎日同じだけのカロリーの食事を楽しむであろう。しかし、もしそのような事態になれば、世界中で五十億の人々が、深刻な食糧危機に陥るであろう。あなたは、そんな事態になっても、自分だけ「無農薬・有機野菜を食べたい」というのであろうか？　フランス革命前夜、貧困と食糧難に陥って、口々に「食べるパンをよこせ！」と叫んだ民衆に対して、「パンがなければ、ケーキを食べればよいじゃない？」と曰《のたま》ったと伝えられるマリー・アントワネットのように……。

裁判員を拒否する人は……

二〇〇九年五月

いよいよこの(二〇〇九年)五月二十一日から裁判員制度が施行される。「市民感覚を司法の現場に導入する」という大義名分のもと、二〇〇四年の同月同日に成立し、五年間の周知期間をもって施行される『裁判員の参加する刑事裁判に関する法律(通称「裁判員法」)』に基づいて、国民が直接公権力の行使に関与する制度である。

この新制度は、わが国の社会のあり方に画期的な変化をもたらす可能性がある。なぜなら、「市民革命によって成立した政権」を経験したことのない日本では、裁判は文字どおり「公事《くじ》」であって、支配者である「お上《かみ》」の専権事項だったからである。また、一般市民の側も、「刃傷沙汰《にんじょうざた》」や「色恋沙汰」といったように、ネガティブな意味を有する「沙汰」をつけた「裁判沙汰」という言葉が示すように、裁判の場に関わること自体、健全な市民のすることではないと捉えられる傾向があった。

読者の皆さんの中にも、すでに地元の裁判所から『裁判員候補者』に選ばれた旨の通知を受けている人も何人かいるであろう。毎年、全国平均で三百五十人に一人の割合で当たるそうなので、二十歳から七十歳までの五十年間と考えても、七人に一人の人が、一生の間に一回は「凶悪事件の裁判員に当たる」計算になる。私の暮らす大阪府なんぞ、犯罪発生率が全国平均より遥かに高いので、裁判員に選出される確率は五人に一人くらいであろう。

裁判員制度が適用される刑事訴訟は、死刑や無期懲役・禁固刑等が判決として想定されうる殺人・強盗致死・現住建造物放火・強姦致死等の凶悪事件の裁判である。裁判員に選ばれたら、三人の職業裁判官と共に六人の裁判員は、公判課程において事件の証拠となる凄惨《せいさん》な殺人現場の写真なども精査しなければならないので、気の弱い人などトラウマになってしまう可能性がある。その上、もし、死刑判決など下そうものなら、たとえ被告人が極悪非道な犯罪者であったとしても、一人の人間のいのちを奪ったという心の重荷を一生背負って生きてゆかねばならないことになる。

この裁判員候補者は、衆議院議員の選挙人名簿から無作為に抽出されるのであるが、「就職禁止事由」として国会議員や自衛官や法曹関係者は除かれ、被告や被害者の家族や事件の関係者も「不適格事由」によって除かれるが、それ以外の大多数の国民には、「正当な辞退事由」がないかぎり、裁判員候補に選出されたら拒否はできないので、日本国憲法に規定されている教育・勤労・納税の三大義務に付け加えられる新しい「国民の義務」となっている。ここで言う「正当な辞退事由」となりうる「重要な用務」いうのは、本人が高齢や入院中あるいは就学中を除けば、家族の介護や育児の代わり手がいないというようなことであって、「仕事が忙しい」程度では「重要な用務」としては認められない。

もちろん、サラリーマンが「決算期でとても忙しい」程度の事由では、裁判員になることを忌避することは認められない。よほど、余人を以て代え難い「その人」でなければできないような仕事（例えば、歌舞伎興行の『勧進帳』で弁慶を演じている市川團十郎とか、将棋名人戦の真っ最中の羽生善治とか……)ならば、「多忙につき裁判員に就けない」という事由は十分通用するであろう。しかし、重要な祭礼や法要を務めなければならない神職や僧侶の場合はどうなるのであろうか？　おまけに、僧侶の場合、「不殺生戒」があるので、裁判員を受けること自体が憚《はばか》られるのではないだろうか？

それ以外にも、日当が数百万円にもなる一流スポーツ選手や売れっ子芸能人等は、裁判員として時間が割かれること自体、大変な遺失利益になるであろうから、これを忌避する正当な事由になるであろう。そこまでいかなくとも、裁判員の日当は「一万円以内」だそうだから、年収が一千万円程度の管理職サラリーマンなら、日割換算で三万円になるから遺失利益として忌避できるのであろうか？零細な個人商店主なんぞの場合は、「臨時休業」で経営に深刻な影響が出るかもしれない。

しかし、一般市民への事前のアンケートで、裁判員を「忌避したい理由」のナンバーワンであった「人の一生を左右するような重要な判決を下すような重い責任は負いたくない」という理由はナンセンスであるとしか思えない。われわれ日本国民は、衆議院議員の総選挙の度ごとに、最高裁判所の裁判官の国民審査を行っている。一国の最高裁判事――個別の刑事裁判の有罪・無罪の最終決定者――の運命を左右する重大な「国民審査」を軽い気持ちで行っている国民が、たかが個別の殺人事件に対する有罪・無罪を判断することへの責任を負いたくないというのは、虫が良すぎるのではないだろうか……。

国家主権よりも宗教・民族・言語を

二〇〇九年三月

（二〇〇九年）三月十日は、チベット仏教の最高指導者ダライ・ラマ十四世が中国人民解放軍からの攻撃を逃れ、ヒマラヤを越えてインドへ亡命するために密かにポタラ宮殿を脱出してちょうど五十周年になる。世界の各地で中国政府に対する抗議活動が行われるであろう。しかし、私は何も中国政府を批判するためにこの原稿を書いているのではない。本件を主権国家と宗教あるいは民族、言語との関係について考えるひとつのケーススタディにしていることを最初に断っておきたい。

近代国民国家は、「領土」と「国民」と「主権（統治機構）」によって構成される。領土と国民についてはあらためて説明するまでもないであろうから、今回は「主権」にスポットを当てて考察を進めたい。大陸では「人類の歴史は戦争の歴史」であったので、これらに対する厳密な概念規定も行われたが、大陸から切り離された島国として存在した日本においては、夷敵による国境線の変更といった人為的な災厄もなかったので、皇室のみならず、領土・国民・為政者の三者とも万世一系が維持されてきたので、かえってこの問題が理解されにくくなっている。

国際法上の概念としての「主権」とは、通常、以下の三点からなる。すなわち、「対外主権」・「対内主権」・「最高決定権」の三点である。「対外主権」とは、ある国家が独自性を持った存在として対外的に

「独立」している（他国からそう見なされている）という意味である。国際社会においては、人口十億の大国であろうと人口十万の小国であろうと「主権国家と主権国家の関係は平等である」ということが前提とされる。

「対内主権」とは、国家はその領内においては、いかなる個人や団体に対しても、暴力装置（警察力等）を行使して自己の意志を貫徹することができるという意味であり、通常は「統治権」として認識される。つまり、自国民に対して生殺与奪の権と有しているということである。

また、「最高決定権」とは、その国家における至高の存在は誰かということである。人類社会に「国家」が成立して以来数千年間、ほとんどの場合は「君主」が主権者であったが、過去百年ほどの間に、ほとんどの国において「国民」が主権者（民主主義体制）となった。そして、その主権者たる国民が選挙等の意思表示手段を用いて代表者を選び、その人物（が指揮する政府）が人民を統治するという形をとっている。

つまり、各個人の宗教や民族や言語といったアイデンティティーに関わる要素（基本的人権）は、「国家主権」という至高の権力の前では膝を屈しなければならないということになる。しかし、こんなことが二十一世紀の現在において許されて良いはずはない。そもそも、「主権国家は至高の存在である」という概念は、「朕《ちん》は国家である」と曰《のたま》う専制君主による横暴や、領邦国家を超越した権威として君臨したローマ・カトリック教会に対抗する概念として、十八・九世紀の西欧において確立した。つまり、立憲君主制の下では、国王も国家の一機関に過ぎないということである。

現在では、ある国や地域において、看過することのできないような大規模な基本的人権の侵害が起こっている場合、従来の国際法では「内政干渉」として批判されるので国際社会も「見て見ぬふりをする」しかなかったような案件についても、カンボジア、旧ユーゴスラビア、イラク等で見られたように、国際社会が積極的に介入して、当該国の国家主権を侵害して（場合によっては、現政権を崩壊させて）までも、基本的人権を尊重させようという考え方に変わって来つつある。つまり、「主権国家は至高の存在である」という前提そのものが揺らいでいるのである。

ましてや、ある大国が隣接する小国を武力によって併呑したような場合、その大国が被征服地域内の人民のアイデンティティーに関わる伝統的な宗教・民族・言語等をむりやり制限し、大国のそれと同化させようとしたことに対する抵抗運動が起きた場合、これを武力弾圧する際に大国側が必ず主張する「これはわが国の内政問題である」というような二十世紀的な言い訳はもはや通用しない。なぜなら、数十年しか賞味期間のない、長くてもせいぜい数百年ももたない特定の国家の統治機構（主権）と、宗教・民族・言語といった千年以上にもわたって保存されるＤＮＡのごとき人間のアイデンティティーのどちらを尊重すべきかと問われれば、私なら迷うことなく「人間のアイデンティティーを尊重せよ」と答えるからである。

インフル・金融ダブル危機　二〇〇九年一月

アメリカ発の金融危機が引き金となって、世界恐慌の様相を呈してきた。金融界のみならず、アメリカの基幹産業の象徴とも言える自動車産業「ビッグ3」も沈没の危機に瀕した。連邦政府に対して「兆単位」の支援を要請するために、何億円もの年俸を取っているCEOたちが、デトロイトからワシントンDCまで自家用ジェットで乗り付け、米国民の怒りを買った。今回の金融恐慌（リーマン・ショック）が「百年に一度の経済危機」と呼ばれるのは、誰しも一九二九年秋にウオール街から始まった世界恐慌を想起するからである。この経済不況は、結果的には、第二次世界大戦という「特需」によって贖《あがな》うしかなかったのである。

私は、これまで、本連載において『超低金利が日本をダメにした』（二〇〇七年七月）や『ETに騙されるな』（二〇〇八年七月）等において、「円キャリトレード」や「排出権取引」などを例に挙げて、ことある毎にアングロサクソン流の金融資本主義を批判してきたが、その心配が現実のものと化したのである。

私はまた、『インフルエンザと七草粥』（二〇〇六年一月）や『遣唐使がもたらした伝染病と神々』（二〇〇七年九月）等において、中国からもたらされるとされる新型インフルエンザ（H5N1型等）の危機について、三年以上前から警鐘を鳴らしてきたが、こちらも「パンデミック（感染爆発）」の危機が目の前まで迫ってきた。世間やマスコミは今頃になって大騒ぎしているのである。

こちらの危機も「百年に一度の危機」と呼ばれている。なぜなら、人類最初の大量破壊兵器が投入された第一次世界大戦の死者が八百万人だったにもかかわらず、同じ時期（一九一八～一九年）に世界的にパンデミックを起こした「スペイン風邪《かぜ》（H1N1型インフルエンザ）」の犠牲者は、戦死者の三倍以上の二千五百万人にも及んだのである。当時の世界人口は、現在の約五分の一であるから、もし、現在、人類の誰も免疫を持たない新型インフルエンザが世界を襲えば、おそらく犠牲者は一億人を上まわる大惨事となるであろう。

人によっては、「九十年前よりも医療技術や衛生環境が良くなった」という人もいるであろうが、それは一部の恵まれた先進国での話であって、明日の糧すら確保できていない貧困地域の人口は九十年前よりもむしろ増加したし、何よりも、交通機関の発達により、多くの人が二十四時間以内に世界中の各都市に自由に移動できるようになった。ということは、新型インフルエンザウイルスに冒《おか》された人が、潜伏期間の内にあちこちへと移動してしまい、世界同時に感染爆発が起こってしまう危機がいつ訪れてもおかしくない。「世界同時テロ」ならぬ「世界同時感染爆発」である。

案外知られていないことであるが、九十年前の「スペイン風邪」はその名称から、「スペインから流行が始まった」と誤解されているが、これは誤りで、当時、欧州各国は戦争による報道管制で、各国で拡大する被害の状況を報じなかった中、スペインだけが報道規制がなかったので、「スペインで大量の死者」という報道が一人歩きして「スペイン風邪」と呼ばれるようになったのである。しかし、このH1N1型インフルエンザは、実は、アメリカのシカゴで流行が始まり（もちろん、最初はトリからヒトへと感染した）、アメリカから船で大量に欧州戦線に派遣された米兵たちから、次々と欧州の人々に感染していったから、本来は「シカゴ風邪」と呼ばれるべきで代物である。

まもなく、「黒人初」となるバラク・オバマ大統領の就任式がワシントンDCで行われる。彼がアメリカの歴史にシカゴから新風を吹き込むことができるかどうか注目してゆきたい。ただ、ひとつ言えることは、「『神道DNA』を読んでいれば、数年後に世界で起こることが予見できる」ということである。

国民のいのちを守らない国家

二〇〇八年十一月

（二〇〇八年）十月十日、アメリカ発の金融恐慌（リーマン・ショック）で世界経済が大混乱する中、そのアメリカから、もうひとつ衝撃的なニュースが飛び込んできた。それは、神戸で神道国際学会の公開セミナー『映像で見るお地蔵さんと地域社会』が開催された二月二十四日に、サイパンで不当逮捕され、その後、七カ月間にもわたって同地で身柄を拘束された後、ついには米国本土へ移送された三浦和義氏が、ロス市警の留置所内で「謎の死（一応、「自殺」と発表されているが……）を遂げた」というとんでもない事件である。

私は、サイパンで、三浦氏が不当に拘束された一報に接したその時から、この蛮行を批判し続けてきた。日本のメディアなどは一斉に「あの『ロス疑惑』の三浦容疑者がサイパンで逮捕！」と報じたが、正確には、もちろん、「アメリカの司法当局がサイパンで三浦和義氏を不当に身柄拘束！」と報じるべきであろう。二十七年前（一九八一年）のいわゆる「ロス疑惑」事件に関しては、事件が起きたのはロサンゼルスであったが、日米両国の司法当局が合意の上で日本国内で裁判が行われ、二〇〇三年に、三浦氏は最高裁で「無罪」判決を勝ち取ったのである。「被告人の九十九・九パーセントが有罪になる」といわれる日本の刑事裁判で、「無罪判決」を獲得したということは、百パーセント「白」と言っても過言ではない。

しかし、私が問題にしているのは、実際にロスで三浦氏がその妻を殺めたかどうかというような次元の話ではない。荀《いやしく》も一国の最高裁判決で「無罪」が確定した元被告──無罪になったのだから「元被告」という表現すら許されがたい──が、第三国において、同じ罪状で再び裁かれるのは、近代法における「一事不再理」の大原則に反するどころか、日本国の最高裁判決というものを軽んじる所業であって、日本国政府は、同氏が二月にサイパンで逮捕された瞬間から即刻、猛烈な抗議と釈放要求をサイパンの属する北マリアナ諸島自治連邦区政府ならびにアメリカ合衆国政府にしなければならないのである。

ところが、実際には、日本国政府は、両国政府に対して抗議などまったくするそぶりもなく、三浦氏は、異国の地において孤軍奮闘、圧倒的な国家権力に対して自力で抗弁するより他はなかった。カリフォルニア州政府からの身柄引き渡しの要求にも拘わらず、同氏の身柄が七カ月間もサイパンに留め置かれたのは、米国当局によるロスへの身柄移送要求が、ほんの少しでも法的に疑義があると北マリアナ諸島自治連邦区当局が思っていたからに他ならない。にもかかわらず、日本政府は、自国民である同氏をまったく見捨てたのである。私の推察の域を出ないが、三浦氏が移送先のロス市警の留置場内で、発作的に〝自殺〟に走ったのは、その直前に同氏と面会していた在ロス日本総領事館の職員からかけられた心ない言葉が原因であると考えられる。

おそらく、三浦氏は総領事館員に「日本人である自分の保護」を要請したはずである。しかし、総領事館員は「ここはアメリカであるから、アメリカの司法手続きによって貴方は裁かれるであろう」とでも答えたのであろう。「アメリカ合衆国と一戦構えてでも日本国民である貴方を取り返す」とは決して言っていないはずである。実際にそのことが可能かどうかは別として、日本国民が海外で受難した際には、日本国政府は全力挙げて、その人を救出すべきである。ましてや、今回の場合は、日本国の三権のひとつである最高裁で無罪判決を受けた人物が、その同じ罪で第三国で裁かれようとしているのである。アメリカが逆の立場なら、海兵隊の特殊部隊を派遣してでも、外国で捕まったアメリカ市民を救出に向かうであろう。

しかし、残念ながら、日本国政府はこういったことに対して、あまりにも無頓着である。大勢の日本人が、北朝鮮に不当に長年拉致されていることが明白であるにも拘わらず、北朝鮮に対して「一戦交えてでも拉致被害者を取り返す」という態度を取っていない。太平洋戦争の敗戦時にも、シベリアや満州や朝鮮半島で、軍人だけでなく何百万人という民間人が取り残されたにも拘わらず、日本政府は積極的に彼らを救出しようとはしなかった。皆、各人の裁量で、塗炭の苦しみを味わいながらも帰還してきたのである。「戦争に負けた」ことによっても「自国民のいのちを保護する」という政府の役目は些《いささ》かも減じるものではないことは明らかであるにもかかわらず……。

ユーラシアの背骨は九蓮宝燈

二〇〇八年九月

中国の歴代王朝の歴史は、「辺境の蛮族（もちろん中華思想側から見て）との攻防史だった」と言っても過言ではない。というよりは、秦以後の統一王朝で、「漢民族による王朝」と呼べるのは、せいぜい、漢・宋・明ぐらいのものだ。それ以外の晋・隋・唐・遼・金・元・清などの王朝は皆、周辺の「蛮族」による征服王朝である。であるからして、二十世紀に成立した中華民国や中華人民共和国を漢民族による王朝だとしても、これらは中国二千数百年の歴史からすると、むしろ、少数派に属すると考えて良い。もちろん、豪華絢爛な北京オリンピックの開会セレモニーで明るみに出た偽物の「五十六少数民族の子ども」によるパフォーマンスは記憶に新しい。

私は何も多民族国家を貶めているわけではない。というよりは、ある程度の規模の人口集積がある国家は皆、程度の差はあれ「多民族」国家であり、ヒト・モノ・カネの移動が地球規模でますます大きくなってゆく現在、「単一民族」国家である続けることのほうが、現実的ではない。

現在、中華人民共和国の西端には「新疆ウイグル自治区」と呼ばれる「少数民族（中国側から見て）」が暮らす地域がある。中国からの「独立」を指向する「東トルキスタン」勢力の活動がようやく日本でも知られるようになった。日本人からすると、同じ仏教徒が暮らす「チベット自治区」の独立運動のほうが関心を集めがちであるが、地政学的視座から言うと、こちらの「新疆ウイグル自治区」のほうがはるかに影響が大きい。「新疆」とは中国語で「新しい土地」という意味であり、十八世紀の清朝時代に中華帝国の版図に組み込まれたが、もとよりこの地は、イスラム教徒の遊牧民ウイグル（維吾爾）族が暮らす土地であった。

ここで、もう少し視野を広げて、ユーラシア大陸全体を見渡して欲しい。西方には、キリスト教文明圏のヨーロッパ、南方にはヒンズー教文明圏のインド、東方には儒教文明圏の中国、欧州とインドの中間の中東（欧州側から見た呼称）にはイスラム教文明のアラブ諸国、インドと中国の中間には仏教文明圏の東南アジアといった「亜大陸」が広がっている。しかし、ここで抜け落ちているのが、それらの文明圏の中間に位置し、長い歴史の中で、「世界帝国」をめざす諸勢力の通り道になってきた「中央アジア」のステップ地域という文明圏がある。

これらの諸民族の中で、二十世紀になって真っ先に「独立国」となったのが、パキスタンとアフガニスタンである。「スタン(stan)」とは、トルコ語で「国家」の意味である。長らくこの状態が続いたが、一九九一年のソ連邦の解体により、これらの「スタン姉妹(国名は女性名詞)」は一挙に増えた。つまり、旧ソ連邦を構成していた十五共和国の内、カザフ共和国がカザフスタンに、以下、キルギスタン、トルクメニスタン、ウズベキスタン、タジキスタンと次々に「スタン姉妹」の仲間入りをした。

しかし、話はここで終わらなかった。最初に述べたように、新疆ウイグル自治区は、中国側から言えば「新疆」であるが、ウイグル人たちから言えば、先祖代々の「ウイグルスタン」である。遙か東方の豚肉を食らう漢民族よりも、すぐ西隣にいる同じイスラム教徒の遊牧民たちにシンパシーを感じて当然であろう。しかも、遙《はる》か西方のソ連という社会主義帝国に抑圧されていた彼らが見事独立（実際には、不戦勝みたいなものであったが……）を果たせたのだから、同様のことがウイグルで起こっても不思議ではない。中国への牽制や同地域の地下資源の権益を狙って武器や資金を援助する勢力が現れてもおかしくない。これが現在の状況である。

では、何故、彼らは「ウイグルスタン」と言わずに「東トルキスタン（東突厥）」と自らを呼ぶのか？　答えは簡単である。彼らの西に居並ぶスタン諸国と連携するためである。「トルキスタン（Turkistan）」とは「トルコ人の国」という意味である。ヨーロッパと接しているトルコ共和国に住む人々は、「トルコ系」諸民族のごく一部に過ぎない。旧ソ連のトルクメニスタン（Turkmenistan）も「トルコ人の国」という意味である。トルコ系諸民族は、まさにユーラシア大陸を東西に貫く背骨のような位置に居るのである。

もうひとつ「スタン姉妹」を忘れていた。現在のトルコとイラクとイランの間の山岳地帯に広く分布する民族クルド人である。クルド人たちが独立を果たして「クルディスタン（Kurdistan）」となった時、まさに、九つのスタン姉妹がユーラシア大陸にずらっと居並ぶことになるのであるが、これらが実現する日がいつになるかは誰も知らない。

ＥＴに騙《だま》されるな

二〇〇八年七月

この原稿が読者の皆様の目に届く頃には、世の中の話題は、Ｇ８洞爺湖サミットの喧噪も鎮まり、北京オリンピックのお祭り騒ぎに浮かれている頃だと思う。ひょっとしたら、日本の政局も「暑い夏」を迎えているかもしれない。洞爺湖サミットの大きな柱のひとつが「地球温暖化防止」問題であることは言うまでもない、一年前、時の（第一次）安倍内閣が二〇〇八年のＧ８主要国首脳会議の会場を交通の不便な北海道の洞爺湖に決めたのも環境問題を意識してのことに違いない。だから、先進国であるＧ８に加えて、エネルギーの大量消費国である中国とインドがゲストとして招かれたのである。

そもそも、省エネが進んだ西欧と日本が『京都議定書』の枠組みを遵守したとしても、世界最大のエネルギー消費国であるアメリカと、巨大な人口を抱えて急激な経済発展の続く中国とインドが枠組みに入らなければ、「地球温暖化防止」は絵に描いた餅である。「中進国」である中国やインドが大量の二酸化炭素を排出するのは、ある程度やむを得ないとしても、「先進国」であるアメリカが、厚顔無恥にも「途上国に削減義務を課さない『京都議定書』の構造は承伏できない。自らの経済成長を犠牲にすることはできない」と、猛烈に二酸化炭素を排出し続けてきたことは明白な事実である。

ところが、最近、アメリカの様子が少し変わってきたのである。もちろん、この一年間で原油価格が倍増し、完全な車社会であるアメリカ市民の間にも、「省エネ」や「温暖化ガスの排出抑制」という意識が芽生えてきたのも事実である。ただし、万事「金儲けがインセンティブ」になるアメリカ社会を変革させるには、「温暖化防止がいかに金儲けに繋がるか」ということが目に見える(お金に換算できる)形を取らなければならない。

そこで、またぞろ蠢《うごめ》き出したのが、アングロサクソン流の「金融資本主義」という怪物である。一九八〇年代を最後に、産業革命以来優位を保ってきた「ものづくり」において、日本(後には、NIES諸国や中国等)に完敗したアングロサクソン(米英)人たちは、金が金を生み出す「金融資本主義」というシステムを打ち立て、これを「グローバルスタンダード」として世界中に強要して、東インド会社以来四百年間搾取し続けてきた構造を新たに延長させることに成功した。

デリバティブと呼ばれる高度な金融工学的手法を用いた錬金術の多くが全くのインチキであったことは、サブプライム問題が世界の資本市場に与えたマイナスの影響の大きさからも、今となっては皆、理解したことであろう。所得信用度の低い人々の住宅ローンに「証券化」という「魔法の粉」を振りかけて、AAAの金融商品にでっち上げ、世界中から巨万の富を巻き上げたのである。デリバティブとは、そもそも価値が極めて低いものを『わらしべ長者』のごとく、取り替えていって、最後には巨万の富を手に入れるというお伽噺《とぎばなし》である。

ハゲタカである彼らが「土地の証券化」の次に目をつけたのが、ＣＯ２の排出権取引というマーケットである。簡単に言うと、『京都議定書』が定める排出量の枠を超えている国や企業が、まだ余裕のある国や企業との間で、その炭酸ガスの排出権の売買をするという市場を創り上げたのである。炭酸ガスというほぼ無価値で厄介なもの同士の排出量をスワップするというとんでもない詐欺紛いの行為である。しかも、この「排出量取引(Emissions Trading)」という行為自体は、地球全体で見れば、一トンの炭酸ガスの削減も意味していない。ただ「山を削って谷を埋めた」だけのことである。

人類が全力を挙げて取り組まなければならないことは、「温暖化ガスの排出削減」であるはずである。われわれ日本人がしなければならないことは、神世の昔以来、コツコツと続けてきた勤勉な労働であり、長い歴史の過程を経て洗練された「もったいない」や「おかげさまで」精神であるべきである。決して、アングロサクソンが創出した「ＥＴ(排出量取引)」という錬金術ではないことは明らかである。

チャイナ・シンドローム　二〇〇八年五月

読者の皆さんも『チャイナ・シンドローム』という言葉を聞いたことがあるであろう。元々は、一九七九年三月十六日にアメリカで公開されたジェーン・フォンダとジャック・レモン主演の映画の題名《タイトル》で、原子力発電所が深刻な事故で制御不能状態に陥り、ついには炉心溶融《メルトダウン》が起こって、高温の核燃料デブリが大地を溶かして落下し続けて、ついには地球の反対側の中国にまで達してしまう。というセンセーショナルな内容のサスペンス映画であったが、その映画公開のわずか十二日後に、実際にペンシルベニア州のスリーマイル島の原発で、レベル五の深刻な原子炉冷却材喪失事故が本当に起こったので、世界の人々の目をこの問題に向けさせる先導役を果たすことになった。それまでは、医学用語として医療専門家の間でしか使われなかった「シンドローム(症候群)」という言葉が流行し、社会現象を称して「〇〇シンドローム」と盛んに命名されるようになった。

もちろん、この映画の「チャイナ(中国)」というのは、比喩的な表現で、地球儀をご覧になったら判るように、アメリカ合衆国の地理的な正反対側は中国ではない。正反対側はインド洋の中央辺りである。しかし、この映画の作者(ひいては、この映画の本来の観客であるアメリカ人たち)は、気分的には「中国は何もかもアメリカの正反対」というように認識していたから、こういう題名を付けたのであろう。では、中国の何を「アメリカの正反対」と認識していたかというと、民族や歴史や文字や社会制度といったあらゆる面において、総合的に判断して「中国をアメリカの正反対の国」と認識していたということであろう。

何も、政治・軍事的に対立している「共産主義対資本主義」という意味のステレオタイプ化された「対極」なら、当時はまだソ連という強大な敵が存在していたのだから、『ロシア・シンドローム』でも良かったはずである。しかし、実際に映画の題名は『チャイナ・シンドローム』と命名されたし、それで正解であった。ソ連は、その十年後の一九八九年の「ベルリンの壁崩壊」に引き続いて、雪崩《なだれ》を打つように自己崩壊し、もはや「アメリカの敵」ではなくなった。同じ年に「天安門事件」が起きたが、中国はその後もその独裁国家の本質をまったく変えていない。その意味で、『チャイナ・シンドローム』は正解だった。

二十一世紀に入って、中国は、地下資源や食料など、世界中のあらゆるもの呑み込みながら、地球温暖化ガスやPM2・5のごとき大気汚染物質を地球規模で猛烈にまき散らし、中国自体が暴走を始めて制御不能となった原子炉のような状態になりつつあることは誰の目にも明らかである。このメルトダウンした汚染物質が地球の反対側(中国人にとっても、おそらく「地球の反対側はアメリカ」という意識であろう)に達する日は、そう遠くないであろう。

北京オリンピックの聖火リレーに対する世界中の抗議行動は何を意味すると、中国の人々は思っているのであろうか？　単に、「自分たちの成功を妬む輩の妄動」とでも思っているのであろうか？　私には、この問題に対する中国指導部の言葉は、「毒餃子」事件の際の中国当局の白々しい自己正当化以上に虚しく感じられる。こんな「善悪の判断」もできない国家に、世界の平和を守る役割を担う国連安保理の常任理事国を任せるわけにはいかない。チベットという一小国の、しかもその亡命政府の宗教指導者にすぎないダライ・ラマ十四世の自己抑制の効いた真摯な言葉のほうが、はるかに世界中の人々の心を打っているという事実に目を背けるべきではない。もし、中国政府が北京オリンピックを成功させたいと思うのであれば、一九七九年末の「アフガン侵攻」でソ連が失ったもの（モスクワオリンピックのボイコットだけでなく、間接的にソ連邦の崩壊に繋がった）の大きさを噛みしめるべきである。

G8サミット　日本の出番

二〇〇八年三月

本年(二〇〇八年)七月上旬、北海道の洞爺湖畔でG8主要国首脳会議(サミット)が開催される。米ソ冷戦と石油ショックという西側先進国にとって「東西と南北」ふたつの対立構造に対処するため、フランスのジスカール・デスタン大統領の呼びかけで第一回目のサミット(当初は、仏米英独日伊の六カ国で構成)が開催されたのは、一九七五年のことであるから、今年で三十四回目のサミットとなる。

その間、世界の情勢が激変したことは、ここであらためて指摘するまでもない。「敵」であったはずの「悪の帝国」ソ連が、あろうことかいつの間にかG8のメンバーになってしまった。そして、当初はオイルマネーという武器を手にして西側先進国の経済支配に対抗しようとした中東諸国では、その後「イスラム原理主義」で理論武装した勢力が優位になり、テロという手段で欧米的価値観に対する異議申し立てを行うようになった。

また、本来ならば主権者である民衆の前に出て、民主主義と市場経済という価値の優位性を全世界に高らかに謳い上げるG8各国の首脳たちのパフォーマンスの場であるはずのサミット会議が、いつの頃からか、「警備」を理由に、民衆の目から遠く離れた離島や僻地でコソコソと行われるようになったのも象徴的である。

「地球温暖化」問題の重要性はいうまでもなく、一九九〇年以後、「マネー」という化け物を信仰する輩（「投機ファンド」がその典型）が、現物市場の数千倍の規模に達した金融先物市場を掻き回すことによって、一国の経済が破綻したケースをわれわれは幾たび見せられてきたことであろうか。何千万人もの国民による民主的な選挙によって選ばれた正統な政権が、なんら自国民の信任を得ていないほんの一握りの「ハゲタカ」による恣意的な市場操作の犠牲となって崩壊した。これらに抗議する「反グローバリズム」の動きが先進国の市民から湧き上がってきたこともっともである。

このような時期に、日本でG8首脳会議が開催されることの意義は大きい。現実に、日本政府にそれだけのリーダーシップが発揮できるとは思えないが、日本だけが、世界を覆う東西・南北の間の対立を和解させる可能性があるからである。なぜならば、G8各国中、日本だけが、他の七カ国とは異なる宗教的文化的背景を有しているからである。

「真理や正義はひとつしか存在しない」と考える一神教的理解では、対立する「異教徒」を皆殺しにしてしまう以外、中東における暴力の連鎖は止めることはできない。正義・不正義の如何に関わらず「非暴力」という在り方のほうが尊い」という仏教の考え方を導入するほうが、よほど効果的である。また、人間を大いなる自然の一部分であると見なし、神仏と自然は同等の存在であるという日本の伝統的価値観を人類が共有するほうが、はるかに地球温暖化防止に繋がる。

そのために、G8首脳会議に先立って、六月二十七日から二十九日にかけて、世界各国からの宗教指導者を招いて、大阪と京都で「G8宗教指導者サミット」が開催される。そこでは、伝統仏教各宗派の高僧や由緒ある神社の神職らが、現代世界が抱える喫緊の課題である地球環境・民族紛争・経済格差などの問題について、海外の宗教指導者や学者と真剣に討議し、宗教界からの意見を総理大臣官邸を通じて、G8首脳会議に提言することになっている。関心のある人は、「G8宗教指導者サミット」のウェブサイト（www.relnet.co.jp/g8）をご覧になって、参加を申し込んでいただきたい。

インドの山奥で……

二〇〇七年十一月

「インドの山奥で修行して……♪」と聞けば、五十歳前後の日本人ならおそらく誰でも知っているであろう。ご存じ『愛の戦士レインボーマン』のテーマソングである。一九七二年に放送された川内康範《かわうちこうはん》原作のこの番組は、「等身大変身ヒーローもの」というカテゴリに属するが、当時流行した「怪獣もの」などとは一線を画する作品であった。「敵」は子供騙《だま》しの怪獣などではない。マカオにアジトを置き、日本人のことを限りなく憎む秘密結社『死ね死ね団』の首領ミスターKが次々と繰り出す悪事に単身立ち向かっていく等身大ヒーローの物語なのである。このミスターKは、無辜《むこ》の市民を拐《かどわ》かしたり、偽札を大量に流通させて経済を混乱に陥れようとしたりするあたり、こんにちの「北のK将軍様」を彷彿とさせる。

この川内康範という日蓮宗の寺に生まれた御齢八十七歳（当時）の人物は、実に多くの「顔」を持っている。「政治評論家」としては、福田赳夫の秘書を務め、鈴木善幸や竹下登とも親交が深かったことは案外知られていない。川内康範と言えば、なんといっても、原作と脚本を務めた『月光仮面』が有名であるが、二十年にわたる長寿番組となった『まんが日本昔話』の監修を務めるなど、放送界でも幅広い活躍をした。また、歌謡曲の作詞家としては、『骨まで愛して』・『花と蝶』・『伊勢佐木町ブルース』などの代表作があるが、今春（二〇〇七年）、歌手の森進一との間で繰り広げられた『おふくろさん』の無断歌詞追加騒動などでも、健在ぶりを見せつけた。また、一九八四年の『グリコ・森永事件』の際には、犯人に対して「私財一億二千万円を提供するから手を引け」と週刊誌上で呼びかけたりもした。ほとんど同一人物とは思えないくらいマルチな人格である。

私は、この秋、インド北西部のヒマラヤ山麓の町ダラムサーラにあるチベット亡命政府を訪れ、ダライ・ラマ十四世法王と七十五分間にわたって親しくお話しをする機会に恵まれた。ダライ・ラマ法王に関しては、私がここで説明するまでもない。一九五九年、中国共産党の弾圧を避けて、代々住み慣れたチベットのラサのポタラ宮殿からいのちがけで「世界の屋根」と呼ばれるヒマラヤ山脈を越えてインドに逃れた後、民主的な亡命政府を樹立し、今なお中国国内や世界中で難民となっている数百万のチベット人たちのシンボルとして、一九八九年にノーベル平和賞も受賞した宗教的指導者である。

チベット仏教徒たちは、彼を観世音菩薩の生まれ変わりの「活仏《トウルク》」として崇拝している。観世音菩薩は、衆生《しゆじよう》を済度《さいど》するために何度でも化身してこの世に現れると信じられている。熱心な法華経の徒であった川内康範は、『妙法蓮華経』観世音菩薩普門品第二十五（一般に『観音経』と呼ばれる）から、大いなるヒントを得て、正義心に燃える青年ヤマトタケシとその師ダイバダッタ仙人の活躍する活劇『愛の戦士レインボーマン』を創ったのである。人々を救うために七変化するレインボーマンは決して「無敵」のスーパーマンではない。弱さを抱えた生身の人間である。

この世に「現身」を持って存在し、代を重ねて人々に生きる力を与え続け、かつ人々の崇敬を一身に受け、民族の統合のシンボルであるダライ・ラマ法王について考えることは、わが天皇制について考えることと、ある意味軌を一にしていると思うのは、私だけであろうか……。ダライ・ラマ法王は、この十一月十八日、伊勢の地を訪れられる。

遣唐使がもたらした伝染病と神々

二〇〇七年九月

（二〇〇七年）五月に住吉大社で開催された『日中交流一四〇〇年記念国際シンポジウム：住吉津《すみのえのつ》より波濤《はとう》を越えて』に対応する『遣隋使・遣唐使一四〇〇周年記念国際シンポジウム：中日交流の源流』が、九月十五・十六両日、中国浙江《せっこう》省杭州市の浙江工商大学で開催され、日中両国の研究者が大勢参加したが、私も大阪でのシンポジウムに引き続きこれに参加し、日中の国柄の違いについて考える機会を得た。

古代も現代も、中国と日本の最大の相違は、その国土が大陸にあるか海中にあるかの違いである。中国は、極端な言い方をすれば、西はヨーロッパの西端イベリア半島、南はアフリカの南端喜望峰まで続く広大なユーラシア・アフリカ大陸と「地続き」であって、わずか二〇〇キロメートルとはいえ、日本列島はこの広大な大地から切り離されているのである。

この差は、こと伝染病（医学用語では「感染症」）に関して言えば、決定的である。人類の歴史始まって以来、数々の伝染病が繰り返されてきた中国大陸（朝鮮半島や渤海国も含む）に日本から使者を送るということは、同時に、これまでこの列島に暮らす人々が経験したことがなかった（免疫がなかった）新たな伝染病への感染の危険に日本人自身を晒すことになった。

七世紀から九世紀の二百数十年間に二十数回派遣されたとされる遣隋唐使はまた、その本来の目的である大陸の「優れた文物」と共に、多くの伝染病も日本にもたらした。最も有名な事例は、多治比《たじひの》広成《ひろなり》が大使を務めて七三五年(天平五年)に帰朝した遣唐使が持ち込んだとされる天然痘(疱瘡)の流行によって、大宝律令の編纂《へんさん》や平城京遷都を断行し律令国家の礎《いしずえ》を築いた藤原不比等《ふひと》を継いで権力の中心に居た不比等の四人の息子で聖武天皇の皇后光明子《こうみようし》とは異母兄弟の藤原武智麻呂《むちまろ》、房前《ふささき》、宇合《うまかい》、麻呂《まろ》をはじめ、時の政権の有力者多数が七三七年に相次いで病死したことが挙げられる。

この「事件」が、聖武天皇を政治の中心へと押し上げると共に、それまで聖武帝自らが理想としていた「儒教的聖天子像」から一転して、仏教の熱心な帰依者《きえ》としての天皇像を確立させたことは、中国的律令国家体制から日本的律令国家体制を決別させる契機とさえなった。

ところで、伝染病が継続的に人々の間で相互感染するためには、約五万人の人口集積が必要とされている(疫学的には、人口集積がそれ以下だと流行は自然と収束する)。平城京は日本で初めて人口が五万人に達した都市であったので、当時、唐、新羅、渤海《ぼっかい》などとの間で交わされた外交使節が危険因子であったことは言うまでもない。ただし、当時の人々は近代科学的な疫学知識を持ち合わせていなかったので、その対策は、経験や宗教に頼るしかなかったのは当然である。

八世紀末から十九世紀まで千年以上にわたって日本の首都であった平安京は、平城京よりさらに大規模な人口を有していたので、権力闘争に基づく戦禍と共に、伝染病対策はより深刻な課題であった。その中でも有名なのは、今日まで伝わる八坂神社の「祇園祭（蘇民将来《そみんしょうらい》の説話）」であり、また、「大江山の鬼（酒呑童子《しゅてんどうじ》）退治説話」である。共に疱瘡除けが主たるテーマである。疱瘡神が嫌うと信じられていた張り子の犬や赤色や庚申塚《こうしんづか》や鍾馗《しょうき》にまつわる民間信仰は、古代は言うまでもなく近代まで至る所で見られた。

九世紀末の宇多天皇の時代に、藤原佐世《すけよ》が撰述した『日本国見在書目録《にほんこくげんざいしょもくろく》』には、宮中には、千三百九巻にも及ぶ中国医書があったことが報告されている。経験的な伝染病対策としては、現在においても「隔離」が最も有効な手段である。その意味でも、直接、大陸からの使者を王城の地に招聘《しょうへい》するのではなく、筑紫国の太宰府や、備後国の鞆之津《とものつ》（沼名前《ぬなくま》神社＝鞆祇園宮）で「饗応」と称して、一時停泊させ、その間に伝染病が発症するかを観察したのではないかと考えられる。因みに、八坂神社も沼名前神社も、その祭神は素戔嗚尊《スサノヲ》であるが、明治維新の神仏判然令以前には、これらの祭神は、道教系の「牛頭天王《ゴズテンノウ》」であったことも、古代以来の中国文化と日本文化を比較する上で興味深い。

超低金利が日本をダメにした　二〇〇七年七月

国の将来を託す参議院議員選挙が真っ盛りの今日、「年金問題」をはじめ諸問題が山積しているが、二年前、「郵政民営化」のワンイシューで選んだはずの衆議院議員たちが、教育基本法はおろか憲法改正の発議までしてしまうことに違和感のある人は、その流れを変える最大のチャンスが来たと自覚して投票行動すべきである。「ナントカ還元水」騒動で現職閣僚が自殺するくらいだから、おそらくこの国の政治家たちに、国難に当たって危機管理ができる人材は何人いるであろうか……。

また、「優秀」といわれる日本の官僚機構のひとつである社会保険庁のあまりにも杜撰《ずさん》な年金資金管理が問題になっているが、そもそも、私はこれまで「この人は賢い」と思った官僚に出会ったことがついぞない。ということは、私の人を見る目がよほどの節穴であるか、世間の人々の「優秀」の基準がよほど低いかのどちらかである。もし、前者だとすると、私がこのエッセイを書いていること自体がナンセンスになるので、仮に後者だったとすると、この「世間」のレベルの低下は何によってもたらされたものであろうか？　後者だと類推するに足りうる状況のひとつが、近年、いやというほど報じられているような、親が幼気《いたいけ》なわが子を虐待死させたり、身近な人に保険金を掛けて殺害したり、僅かな金品を奪うために高齢者に乱暴狼藉を働いたり、ネットを使ったいじめのような、いわゆる「モラルハザード（社会道徳規範の崩壊）」である。

では、このモラルハザードが何故、二十一世紀の日本社会に蔓延してしまったのであろうか？　いろいろな理由付けが、政治家やマスコミをはじめ各種評論家からも指摘されているが、私は、そのどれも、確かにある一面では正しい分析を行っているけれど、だからといって全面的に承認しうるような説明になっていないような気がする。いわんや、それらの人々が提示するような方法で、この日本のモラルハザードが画期的に修復されるとは思えない。そこで、このモラルハザードの原因として、ひとつの仮説を考えてみた。しかも、このモラルハザードを回復するための具体的な処方箋まで付けてである。

それは、十年以上続いた「超低金利政策が原因だ」と断定することである。おそらく、大多数の読者の皆さんは「そんな無茶な……」と思われるであろう。でも、超低金利政策は何をもたらせたか？　長年にわたって真面目にコツコツと働いてお金を貯めてきた人の預貯金が目減りし、その反面、先に湯水の如く使いたい放題金を使った連中（政府も企業も含む）の借金の返済が楽になるということを超低金利政策は目的としてきたのである。こんなことが正しいことでないことは、小学生でも解るはずである。

「イソップ寓話」の『アリとキリギリス』の話を知らない人はいないであろう。暑い夏、懸命に働くアリをバカにして遊び惚けたキリギリスが、冬にアリの元へ糧を乞いにくるという説話である。イソップ(アイソーポス)は、二千六百年も昔のギリシャの奴隷作家である。元々は『アリとセミ』という譬《たと》え話であったが、英訳される際に、寒冷な英国にはセミが馴染みないので、キリギリスに換えられたのである。この話がポルトガルから日本に伝わったのは四百年以上も前のことであり、『伊曾保《いそほ》物語』として何度も版を重ね、江戸時代初期にはかなり多くの日本人がその内容を知っていたのである。当然、そこでは『蟻と蝉』であった。因みに、「イソップ寓話」がラテン語からフランス語や英語に翻訳されたのは、日本語版より時代が遅れるというから驚きである。

超低金利政策とは、分かりやすく言えば、真面目に働いたアリがバカを見て、遊び惚《ほう》けたキリギリスが得をするという政策である。このような政策をとる国が乱れない道理はない。ヘッジファンドは、「円キャリトレード」といって、実質ゼロ金利の日本で一兆円借りて、金利五パーセントの欧米で運用すれば、一年後には何もしなくても五百億円儲かるのである。これは、本来、日本の預金者が受け取るべき金利であったはずである。それを日本政府の借金を軽減するため、この十年間に本来日本人が受け取るべきであった三五〇兆円の金利が、国外に流出してしまったのである。日本国内に居ると、収入が減ってもデフレで物価も下がったので、あまり苦しい気がしないが、「円キャリ」のせいで、日本円は一九七三年以後、世界の各通貨に対して最も安くなっているのである。今年になって既に四回海外に出かける用事があったが、ユーロやポンドや豪ドルに対する円の購買力平価の下落には目を覆いたくなる。

約千年前に活躍した北宋の政治家范仲淹《はんちゅうえん》の有名な言葉「先憂後楽」を、今こそ官民挙げて実践して欲しいものである。

国民の祝日からみる日本人論

二〇〇七年五月

本誌が皆さんのお手元に届くのは、GW《ゴールデンウィーク》の終わった頃であろう。「年中無休」の私にとっては、何日祝日が増えようがやっかむだけの話であるが、今年からまたひとつ「祝日」(昭和の日)が増えた。これに伴い、四月二十九日にあった「みどりの日」は、「憲法記念日」と「こどもの日」の間の五月四日に移動した。

おかげで、年間の祝日は十五日間(当時)にもなった。日本の祝日数は先進国の中でも群を抜いて多いことを皆さんはご存じであろうか？　これには理由がある。高度経済成長を遂げ、欧米諸国との経済摩擦が激化した時代、既に欧米諸国が週休二日制であったのに、日本だけはそうではなかったので、年間労働時間数を他の先進諸国とバランスさせる(もちろん「外圧」が働いた)ために、日本政府がやたらと「国民の祝日」を増やしたのである。その後、日本にも週休二日制が導入されたので、結果的には、日本人の年間労働日数は先進国中最低水準となり、有史以来の、否、天照大神をはじめ神々も働かれたので、天地開闢《かいびゃく》以来の日本人の「勤勉」の伝統は何処へやらである。

さて、本題の「国民の祝日」であるが、現在の日本の祝日は一九四八年に制定された『国民の祝日に関する法律』によって規定されている。もちろん、戦前にも「祝祭日」というのがあった。天長節や紀元節といった国家的祝日や新嘗祭《にいなめさい》や神嘗祭《かんなめさい》などの神道儀礼に関わる祭日であった。「旗日」といっても、その日は現在のような休日ではなく「登校日」で、全校生徒が『君が代』斉唱。モーニングに白手袋で威儀《いぎ》を正した校長先生が『教育勅語』を奉読。短い訓話の後、「〇〇節の歌」を全校生徒で唱和し、「紅白饅頭（当時は甘いものは貴重）」をもらって解散（授業はなし）。という段取りで、「当時の子供たちは、とても楽しみにしていた」と、昭和三年生まれの亡父から聞いたことがある。

たいていの国では、国家の記念日（独立記念日・革命記念日など）や宗教的に特別な日を「祝日」としている。米国を例に取ると、「独立記念日（七月四日）」や「退役軍人の日（十一月十一日）」などである。中国だって、「国慶節（十月一日）」や「メーデー（五月一日）」などが国家的イベントとして大々的に祝われる。そもそも、「祝日」とは、〇年〇月〇日という歴史上の特定の出来事を記念する国家にとって極めて政治的な行事である。花火大会や軍事パレードには、元首が国民の前に姿を現すのが常である。ところが、日本の「祝日」はこうではないのである。以下、一九四八年に制定された『国民の祝日に関する法律』の条文に目を通してみよう。

第一条（意義）　自由と平和を求めてやまない日本国民は、美しい風習を育てつつ、よりよき社会、より豊かな生活を築きあげるために、ここに国民こぞって祝い、感謝し、又は記念する日を定め、これを「国民の祝日」と名づける。

いったい「何に感謝」するのだろう？　主語・述語動詞・目的語のハッキリしている英語なら「ゴッド（神）」なんだろうが、私たち日本人が「感謝する」対象は、「お天道様」に象徴される天地自然や「ご先祖様」であろうか……。特定の宗教的な教義や崇敬対象（神仏等）でないことは明らかである。その証拠に、わが国の祝日には、自然に関する祝日が圧倒的に多い。春分の日・みどりの日・海の日、これらの祝日は皆、主体は人間ではなくて自然である。それに、もう少し枠を拡げて、成人の日・こどもの日・敬老の日・秋分の日・体育の日・文化の日・勤労感謝の日、あたりも必然性がなんだかよく解らない。海の日があって「山の日」がないのは何故か？（註：その後、二〇一六年に制定）　体育の日があって「音楽の日」がないのは何故か？　これらの問いに、合理的な答えを出せる人はおるまい。なぜなら、もともとの「祝日」そのものの論理的な根拠がないからである。

年間十五回もある日本の祝日の中で、日程上の必然性があるのは、元日と憲法記念日と天皇誕生日の三つだけである。あとの祝日は、どの日がどの日になったって構わない。だが、ここに日本の祝日の秘密を解く鍵がある。これらの三つの祝日には、「〇〇の日」という「の」が付いていない。そのものズバリである。その他の祝日には、全て「〇〇の日」というように、「の」が付いている。これは、人為である歴史的事実を明らかにするよりも、為政者の責任を曖昧にして、政治的決定を季節や風土（「外圧」？・）などのせいにしてしまう日本人の政治的テイストを端的に現していて興味深い。

遣隋唐使は何をしに行ったのか

二〇〇七年三月

六〇七年（推古十五年）に「日出る処の天子、書を日没する処の天子に致す」という有名な書き出しで始まる「国書」を奉じて、小野妹子が随に派遣されて、今年でちょうど千四百年になる。いわゆる遣隋使である。その後、日本は八九四年に遣唐使が廃止されるまで、約三百年間にわたって二十数回の遣隋使・遣唐使が「中華皇帝」の元へと派遣し続けたことは、小学校や中学校でも習うから、日本人なら誰でも知っていることである。その理由としては、「中国の先進的な技術の習得や仏教経典の収集を目的とした」と教えられた。

しかし、本当にそのことが遣隋唐使派遣の第一の目的であったのであろうか？　われわれは、遣隋唐使についてあまりにも知らないことが多すぎる。意外かもしれないが、そもそも、「遣隋使」という言葉さえ、日本書紀には出てこない。日本書紀には、「小野妹子が大唐国に国書をもって遣わされた」とのみ記述されている。

一方、隋の正史である『隋書』の「東夷伝」中の「倭人伝」の項には、妹子の名前は出てこない。天下を治《しろし》めす中華皇帝から見れば「陪臣《ばいしん》」（臣下である倭国王の臣下）に過ぎない妹子の人格に関心なんかないからだ。しかし、東夷の分際で無礼な国書を寄こした倭国に対して、煬帝《ようだい》は激怒したにもかかわらず、わざわざ返礼使として裴世清《はいせいせい》を倭国に遣わしていることも不思議だ。

さらに、『隋書』には、小野妹子に先立つこと七年、高祖文帝楊堅《ようけん》の時代(六〇〇年)に、倭国の「姓阿毎《アメ》、字多利思比孤《タリシヒコ》」なる男性名の王から来貢したことが記されている。しかし、日本書紀にはその記述がない。しかも、六〇〇年は推古天皇八年で、女帝のはずである。このように解らないことだらけである。

中国の王朝が隋から唐へと変わった後も、二十回、二百数十年にわたって遣唐使が派遣されたが、この十数年に一度という派遣回数は、当時、遣唐使を派遣していた五十数カ国の中では、極めて少ない。事実、犬神御田鍬《いぬがみのみたすき》が派遣された第一回遣唐使(六三〇年)の際には、太宗(李世民《りせいみん》)は、「その道の遠きを矜《あわれ》み、歳貢する必要はない」(『旧唐書』東夷倭国)と命じている。当時、アジア各国から大唐帝国へと毎年のように使節が派遣されていたのだ。

さらに、日本からは超大国の唐だけでなく、遣新羅使が三十一回、遣渤海使《ぼっかいし》が十六回も派遣されており、これらの史実を勘案すると、学校で習った「中国の先進的な技術の習得や仏教経典の収集を目的とした」という理由だけでは説明しきれない。現在、朝鮮半島の非核化を巡って、北京で「六カ国協議」が行われているが、それよりも高頻度で、千四百年前にも、隋・唐という強大な統一中華帝国周辺諸国の生き残りを懸けた合従連衡の外交情報戦が繰り広げられていたのである。つまり、遣隋唐使の主な目的は、国益を保全するための外交活動であり、現在で言えば、安保理をはじめとする国連諸機関を舞台にした外交合戦のようなものである。当然、強大な統一中華帝国が存在しない時期(分裂時代)には、周辺諸国もそれほど外交使節を派遣していない。

面白いことに、やっとのことで煬帝の返書を持ち帰ったはずの小野妹子は、帰国後、「返書は百済に盗まれてなくしてしまった」と報告している。もちろん、大嘘であろう。聖徳太子が精一杯背伸びして書いた対等外交を表明した国書に対する煬帝の返書があまりに侮辱的だったので、ありのままを報告したら自分の責任を問われかねないので、妹子自ら破棄したものと思われる。現在でも、外交交渉で十分な成果を得られなかった力量不足の外交官ほど、本国へ帰った際には、本交渉内容とはまったく別の勇ましい報告を「国内向け」に捏造《ねつぞう》しているものと思われる。

ただ、三百年間にわたるすべての遣隋唐使に共通していたのは、いずれも、摂津国(大阪府)の住吉《すみのえ》津《つ》から出航したということである。本年(二〇〇七年)、五月八・九両日、住吉大社を会場に、日中交流一四〇〇年記念国際シンポジウム『住吉津より波濤《はとう》を越えて――遣隋使・遣唐使がもたらしたもの――』が開催される。日中の研究者を集めて、私がコーディネータを務めるので、興味のある方は、ぜひご参加いただきたい。

国常立景気？

二〇〇七年一月

昨年（二〇〇六年）十一月で、日本の好況は五十八カ月連続となり、これまでの「戦後最長」であった「いざなぎ景気」を超えたそうだ。この『神道フォーラム』の読者層でさえ、四十歳以下の人なら「この〝いざなぎ景気〟という妙なネーミングはなんだ？」と思われるだろう。もちろん、六十歳以上の人なら、戦後の日本の景気循環を称して、この他にも「神武景気」や「岩戸景気」といった日本神話に因んだネーミングの好況期間があったことは常識の範囲内であるが……。

敗戦によって灰燼《かいじん》に帰した日本経済は、一九五〇〜五三年の朝鮮戦争の「特需」によって、急激に回復した。人々はこれを称して「日本の歴史始まって以来」という意味で「神武景気」（一九五四年十一月から三十一カ月間）と名付けた。神武景気まっさかりの一九五六年には「もはや戦後ではない」という言葉（現在ならば、さしずめ『新語流行語大賞』ものである）が盛んに吹聴され、『三種の神器』と呼ばれた冷蔵庫・洗濯機・白黒テレビが国民の間に爆発的に普及した。この熱狂ぶりを、二〇〇六年の新語流行語大賞の「イナバウアー」や「品格」あるいは、『ヒット商品番付』横綱の「ニンテンドーDS」や大関「ミクシィ」と比較しても、圧倒的な存在感である。まさに「神武以来」と言えよう。

ところが、この「空前絶後」とも思えた好景気の記録は、直ぐに更新されることになった。わずか一年間の「鍋底不況」（調整期間）の後に到来した一九五八年六月から四十二カ月続いた「岩戸景気」がそれである。神武景気を上まわってしまったので、神武天皇より遡って、「天照大神が天の岩戸に隠れて以来の景気」という意味で命名された。一九五八年に一万円札が発行されたことからも判るように、サラリーマン世帯の急激な所得拡大は国民に「総中流意識」をもたらした。スーパーマーケットの出現は、これまでの「生産者→卸→仲買→小売→消費者」という流通機構に劇的変化を及ぼした。他にも、一九五八年という年は、長嶋茂雄の巨人入団、チキンラーメンの発売、東京タワーの竣工、ミッチー（皇室）ブーム等々、その後の日本社会を方向付けるできごとがてんこ盛りの年であった。筆者が生まれたのもこの年である。その意味で、まさに高度経済成長の象徴的な時代であった。因みに、一九五九年度のGDPの対前年度比は十七・五パーセント増という驚異的な数字であった。

しかし、日本の経済成長はこれだけで留まらなかった。東京オリンピックと大阪万博（正確には日本万国博覧会）の間の一九六五年十月から五十七カ月間、景気拡大が続いた「いざなぎ景気」である。言うまでもなく、「岩戸景気」よりも長い好況という意味で、より遡った「伊弉諾尊《イザナギ》」に因んで命名されたのである。この頃までは、戦前の教育を受けた人々が社会の中心であったから、このような日本神話に因んだ名称が国民一般にもリアリティをもって受け入れられたのであろう。因みに、この時期のヒット商品と言えば、「3C」と呼ばれた自家用車（カー）・エアコン（クーラー）・カラーテレビである。各家庭が「お隣さんに負けじ」と、競ってこのような耐久消費財を購入し、そのことがまた景気の拡大を後押しするという好循環であった。このような「行き過ぎた」景気過熱を抑制するために、公定歩合が六パーセント台という今では考えられないような高金利政策もとられた。

さて、二〇〇二年一月に始まる今回の景気拡大であるが、報道されているように「いざなぎ景気を抜いた」どころか、とてもとても上記三つの昭和の好況に勝っているようには実感できない。まず、数字のトリックがある。例えば、工業製品の出荷額が実質三パーセント減少したとしても、デフレによって物価が五パーセント下がれば、名目上の売上高は二パーセント上昇したことになる。このように統計処理されて「創り出された」好況である感は否めない。さらに、かつてのような「国民総中流化」といった景気拡大ではなく、〝勝ち組〟と呼ばれるごく一部の人たちだけが巨万の富を得るという「貧富の格差」が拡大したので、広く国民一般が景気拡大を実感できなかったのであろう。

現在、四十歳以下の世代が体験的に知っている好景気と言えば、一九八六年十二月から五十一カ月続いた「バブル景気」であろう。あの時は確かに、広く国民各層に潤沢な金がゆき渡った。しかも、「ソ連東欧圏の崩壊」という「資本主義（拝金主義）の勝利」が目に見えた。しかし、それがもたらせたものは、国内では「失われた十年（平成不況）」と呼ばれた社会規範の崩壊と、世界ではテロと暴力の応酬だけであった。

だから、私はここで提言したい。今回の景気拡大を昭和の良き時代を回顧して「国常立《くにとこたち》景気」と呼ぶことにしよう。もちろん、豊かで平和な社会回復への願いを込めての命名であるが、実際には、この間の超低金利政策で、本来なら預金者（国民）が受け取るべき金利三五〇兆円分を、銀行を通して政府が吸い取り、相変わらずの官僚の無駄遣いに吸収されてしまった「国常立」であったという皮肉も込めて……。

すべての道はローマに通じる？

二〇〇六年十一月

私は一年半前（二〇〇五年五月）、新しいローマ教皇にベネディクト十六世が即位したことについて触れ、『言挙げすることこそ大事』と題して本エッセイを書いた。『神道フォーラム』第三号をお持ちの方は、もう一度読み返していただきたい。そこでは、バチカンの世界戦略と、わが神社界ひいては日本社会自体の、自分と価値体系を異にする人々に対するＰＲ（パブリック・リレーションズ＝戦略広報）の能力と意欲の欠如について、辛口の批判を試みた。

私は、十八歳の時（一九七七年）に、初めて時の教皇パウロ六世に「謁見」したのを皮切りに、これまで数度、ローマ教皇に謁見するという機会に恵まれた。その内何度かは、世界宗教者平和会議の会長も務めた亡祖父（三宅歳雄師）の随行者として別室で個別にお目にかかり、親しくお話しをする（特別謁見）ということもあったし、また何度かは、大勢の巡礼者に対して教皇が祝福を行う際にお言葉を掛けられる（一般謁見）ということもあった。

今回、私が取り上げたいのは、一般謁見（Public Audience）についてである。読者の皆さんの中にも、バチカンを訪れられたことのある人は多いと思うので、その様子を眼にされた方もおられると思う。言うまでもなく、総本山サン・ピエトロ大聖堂の鎮座するバチカン市国は、「世界最小の独立国家」として小中学校の教科書にも載っているので誰でも知っているであろうが、同時に、ローマ・カトリック教会は、十三億の信徒を擁する「世界最大の宗教」でもある。また、全世界の津々浦々に至るまで、その地に骨を埋める覚悟で活動している数百万の忠実な司祭や修道女が、教区を統治している司教や修道会を通じてバチカンに各地の情報を集約しているので、バチカン（教皇庁）は、世界最大の情報機関であると言っても過言ではない。

私は、この（二〇〇六年）十月十一日、バチカンへ参じて、この一般謁見に臨んだ。バチカンの「宮内庁」から支給されたパスを持って、一般謁見が行われるサン・ピエトロ広場に着いたときには、全世界から集まった数万人の巡礼者でほぼ満席の状態であった。その群衆を掻き分け、最上段の特別来賓席に着いてしばらくすると、「パパモビル」と呼ばれる真っ白なランドクルーザー上に屹立《きつりつ》された教皇ベネディクト十六世が入場され、数万の群衆は興奮の坩堝《るつぼ》と化した。最近のイスラム教徒に対するネガティブな発言等で、身の危険もあるだろうに、防弾ガラスもないお召車ごと群衆の中に分け入って行かれ、人々を祝福した後、お召車ごとサン・ピエトロ大聖堂の階段を登って、中央に据えられた玉座に着席された。

そこで行われた礼拝は、フランス語・英語・ドイツ語・ポーランド語・スペイン語・イタリア語と次々と言語を替えながら、教皇自ら全世界から参集した巡礼団に対して祝福のメッセージを与えた。なんと人々の心を捕まえる演出に長けていることかと思う。私のようにクリスチャンでない者すら、心を奪われてしまうような気がした。ローマ教皇はこういう一般謁見を毎週一回するというのだからたいしたものである。礼拝終了後、退席されるドイツ出身の教皇に、ドイツ語で声を掛けさせていただくと、わざわざ私の目の前まで歩み寄って来られた教皇が私を祝福してくださり、その後、非常に限られた時間であったが、教皇に拙見を言上する（もちろん英語で）ことができた。その様子は現地のメディアにも紹介された。

一方、わが神道（日本仏教も同様であるが）では、神職（僧侶）はせっかく集まってくれた会衆に尻を向けて、神前（ご本尊）のほうを向いて恭しく頭を下げて祝詞を奏上（読経）するだけである。私がこんなことを言ったら、「あれはご祭神（ご本尊）様に言上しているのであって、人々に開陳しているのではない」と反論される神社（寺院）関係者が多いであろう。しかし、はたして本当にそうであろうか？ カトリック教会でも、一九六〇年代までは、全世界の教会で、典礼（ミサ等の礼拝）は中世以来の伝統に従ってラテン語で行われていた。当然、典礼に出席した大多数の会衆にとってはチンプンカンプンである。

ところが、一九六二年から六五年にかけて行われた第二バチカン公会議によって、それまで千数百年間続いたカトリック教会の方向性を一八〇度転換し、世界の諸宗教との間に対話を開始し、また、各国での典礼を会衆に理解できるその国の言語に切り替え、各地の歴史や風習を尊重した宣教方式をとれるようにしたことである。その結果が、これまで欧州の白人中心であったカトリック教徒が、今では、全信徒の過半数が非白人になるまで拡大した。このことは、これからの神社界（日本社会全体も同様）を考えていく上で、ひとつのヒントになると思う。

原理主義者を対話の席に引きずり出す

二〇〇六年九月

（二〇〇六年）八月二十六日から二十九日まで、国立京都国際会館において、ＷＣＲＰ（世界宗教者平和会議）の第八回世界大会が、百カ国からの正式代表五百名を含む二千名の宗教関係者が一堂に会して開催された。一九七〇年に場所も同じ京都国際会館で開催されて以来、実に三十六年ぶりの里帰りの世界大会であり、わが三宅家にとっても、ＷＣＲＰは亡祖父（三宅歳雄師）や亡父（三宅龍雄師）がその創設に中心的な役割を果たし、その後もずっと物心両面からこの運動を支えてきたので、いわば「家業」とも言え、感慨も一入《ひとしお》であった。今回の世界大会には、私以外にも、兄・弟・従兄弟がそれぞれ実務の要職について奮闘したので、御霊たちもさぞ喜んでくれていることと思う。

今回は、このＷＣＲＰ第八回世界大会（以下、ＷＣＲＰ８と略す）を題材に、宗教界が抱える問題について考えてみたい。今、私の手元には、一九七〇年の第一回世界大会時の公式会議記録集がある。これを紐解いてみると、当時冷戦の真最中であった米ソ両超大国による核戦争の危機や、その代理戦争とも言えるベトナム戦争という世界情勢を反映して、ティック・ナット・ハン師（ベトナムの禅僧で、欧米で「社会参画型仏教《エンゲージドブッディズム》」を提唱して一世を風靡《ふうび》）らが活躍した様子が見て取れる。

異なった諸宗教の指導者が一堂に会するという当時としては画期的なこの会議には、三十九カ国から二百十九人(日本人を除く)が集い、「非武装」、「開発」、「人権」の三部会に分かれて白熱した論議を行った。その受け入れ日本事務局の「会議部」の部長として、若き日の梅田善美氏(神道国際学会理事長)の名前も見える。この大会には、主な伝統仏教各宗派の管長クラスから、神社界からも佐々木行忠神社本庁統理や徳川宗敬神宮大宮司が出席し、天理教や立正佼成会をはじめ各新宗教教団などからもトップが参加したまさに「オール・ジャパン」の趣のある大会であった。

『あらゆる暴力を乗り越え、共にすべてのいのちを守るために』をテーマに開催された今回のWCRP8は、参加国数や海外からの参加者数こそ増えたが、果たしてWCRP三十六年間の実績を反映した「立派な大会」であったかと言うと、必ずしもそうとは言えまい。もちろん、当時は何もかもが手探りであった第一回大会の時とは異なり、日本の社会もはるかに豊かになったし、この種の国際会議を何度も経験してきた有能なスタッフも豊富に揃っていたので、確かに「そつのない」大会ではあったが、内容については「物足りなく」感じたのは、私だけではなかったであろう。

冷戦終結後、世界は平和になるどころかかえって宗教・民族紛争が激化し、特に、二〇〇一年九月十一日に起こった「米国中枢同時多発テロ」事件によって、二十一世紀が宗教・民族対立の時代であるということを世界中の人々に見せつけることになった。現在の「戦争」は、かつての国民国家の正規軍同士による一国の存亡を賭けた全面戦争ではなく、「非対称戦争」と呼ばれるゲリラやテロリストなどの武装勢力と覇権国家との間のルールなき戦いとなった。その意味で、主権国家をその唯一の構成単位とする国連安保理システム(一九四五年体制)は完全に有効性を失ってしまった。

そんな時代であるからこそ、諸宗教が平和的に共存している日本の宗教指導者が、現代世界の問題に積極的にコミットすべきであるのに、日本の宗教指導者の多くは、内外に対して「自分たちは諸宗教間対話に熱心である」というポーズを取っているだけのように思われてならない。問題は、諸宗教対話に積極的な宗教者同士の対話ではなく、あたかも、嫌がる北朝鮮の首根っこを掴まえて六カ国協議の席に引きずり出さなければならないのと同じように、諸宗教間対話の価値を否定し、そこから「逃げて」いる原理主義勢力をいかに諸宗教間対話の場――いったんは「自己の相対化」というアイデンティティー危機を受容する勇気を持たせること――に引きずり出せるかという努力をこそすべきであると思う。

ギルガメッシュ vs スサノヲ

二〇〇六年三月

人類最古の都市文明は、五千年前にチグリス・ユーフラテス河流域に成立したメソポタミア文明である。文字・法律・税金・身分制度……、およそ人類文明と呼ばれるほとんどの要素は、この時、既に存在していた。中でも興味深いのは、その最初の都市国家ウルクの成立にまつわる神話を楔形文字で粘土板に刻んだ『ギルガメッシュ叙事詩』である。概略は以下のとおりである。

太古の時代、この地域はレバノン杉の原生林で覆われていた。半神半獣の森の神フンババが人間たちから神々の森を護ってきたからである。ところが、都市国家ウルクの王となった半神半人のギルガメシュは「人間を自然の奴隷の状態から解放しなければならない」と決意し、友人のエンキドゥと共にフンババ退治に出かけた。フンババとギルガメッシュたちの激しい戦いは、最終的には、青銅の斧という武器の威力によって恐ろしい怪物フンババの首を切り落としたギルガメッシュの勝利に終わる。このあたりの話は、宮崎駿監督作品の『もののけ姫』のプロットになっているから、読者の皆さんも想像が付くであろう。原生林が切り開かれてバベルの塔に至る都市文明が築かれるのである。後の時代の『旧約聖書』にも大きな影響を与えたこの物語は、「人類文明とは自然を克服すべきものである」という結論に導かれるのである。

一方、ユーラシア大陸の東のはずれにある島国では、このような神話が伝承されている。『日本書紀』によると、その蛮行によって高天原を追放された素戔嗚尊《スサノヲ》は、その子、五十猛神《イソタケル》と共に、最初は新羅国に天下ったがその風土が気に入らず、日本列島に漂着し、鬢髭《もみあげ》を抜いて杉の木種を、胸毛を抜いて檜《ひのき》の木種を、尻毛を抜いて槙《まき》の木種を、眉毛を抜いて楠《くすのき》の木種を創り、五十猛と共に植林をしたとある。そして、鬱蒼と樹木の茂った地域が「木の国（紀伊国）」となった。木を植えることによって、乱暴者は人々から神と崇められるようになったのである。

この二つの神話だけを比較すれば、「メソポタミア文明の遺児と言えるユダヤ・キリスト・イスラム教といった一神教が、人間による自然の克服を神意として肯定するのに対して、八百万の神々のおすわが神道は、太古の昔より自然との共生を培ってきた」などという結論を容易に導くことができる。しかし、問題は、はたしてそれが真実であるかどうかということである。

考えてもみて欲しい。G7と呼ばれる先進主要国の内、非キリスト教国はわが日本一国である。確かに、国土の七割は山林である。しかし、その日本一国で、米英独仏伊加六カ国の合計とほぼ同額の公共事業費が毎年費やされているという事実は、いかように説明するのか？　主要幹線道路は言うまでもなく、寒村の農道に至るまでアスファルト舗装で覆い尽くし、日本列島をぐるりとコンクリート製の堤防とテトラポッドで取り囲んでいるこの国の姿は、とても日本人が神々のおわす自然と共生しているようには思えない。欧州のほうがよほど環境問題には真剣に取り組んでいるように見える。

西洋文明は、産業革命による市民社会の成立という近代化のプロセスで、フリードリヒ・ニーチェに見られるような意識的な「神殺し（非神話化）」を行うことによって、「神なき時代」の精神的バックグランドを確立してきたのである。一方、欧米列強による開国要求によって目を覚まされた日本は、仏教伝来以来この国において培われてきた神仏習合の伝統を神仏判然・廃仏毀釈という強硬手段に訴えることによって破壊し、新たに、欧州の国教会制度を元にして創設された後に「国家神道」と呼ばれたシステムを構築したのである。

ところが、この明治維新によって創造された新たな神も、一九四五年の敗戦の結果、翌一九四六年元日に発せられた昭和天皇のいわゆる「人間宣言」によって、自ら放棄（非神話化）されたのである。近代百五十年の間に、二度も「神殺し」を行ったのは日本人だけである。その意味で、日本は欧米より遥かに世俗的な国家であると言える。畏れというものを知らない公共事業によって、神々の棲む森を破壊しても平気なはずである。

神道国際学会では、来たる三月十九日、京都会館において、『森に棲む神々』と題する公開セミナーを開催する。海外の研究者も多数来朝するので、われわれ日本人が「自然と人間の関係」について、今一度、考えてみる絶好の機会であると思う。

インフルエンザと七草粥

二〇〇六年一月

現在、世界各地で最も深刻な問題となりつつある伝染病は高病原性の新型鳥インフルエンザ(H5N1型)である。エイズや天然痘などは、確かにその高い到死率からして恐ろしい感染症には違いないが、いったん大流行が始まったら、その感染力の凄まじさについてはインフルエンザに勝る伝染病はない。既に死者の出た東南アジアや中国でも、まだ犠牲者は養鶏業者など濃厚接触によるトリからヒトへの感染に留っているが、患者の体内で遺伝子が突然変異を起こして、いったんヒトからヒトへと感染するようになると、大変なことになる。

第一次世界大戦中の一九一八年に世界規模で流行した「スペイン風邪」と呼ばれた新型のインフルエンザ(H1N1型)によって、第一次世界大戦の総戦死者数八百万人の三倍を超える二千五百万人が死亡したと言われる。日本でも数十万人が犠牲になったのである。当時の世界の総人口は、現在の約四分の一程度だったから、現在の世界の人口に換算すると、約一億人に当たる人々がこの「新型インフルエンザ」で死亡したことになる。

H5N1型のインフルエンザは、一九九八年に香港において、初めてトリからヒトに感染したことが報告された。ということは、このH5N1型はこの世に出現してまだ数年しか経っていない新型のインフルエンザであり、当然のことながら、人類の誰もが免疫抵抗力を持たない大変危険なウイルスである。インフルエンザは言うに及ばず、この世に存在する大部分のバクテリアやウイルスは、ヒトという新参者の種が地球上に誕生する遙かに以前からこの地球に存在していた、いわば「生物界の大先輩」であることは言うまでもない。その意味では、旧約聖書『創世記』にある「はじめに神（ヤハウェ）は天地山川を創り、さまざまな種の生きものを創り、最後に人（アダム）を創った」という記述は、ある意味、的を射ているのである。

ところが、今回の鳥インフルエンザ騒動で一般の人々にも知られるところとなったように、これまでヒトに感染したA型インフルエンザは五種類しかなかったのに、鳥はこの一三五とおり（当時は、Hが十五とおりとNが九とおりの一三五とおりだったが、その後、Hが十八とおり、Nが十一とおりまで発見されたので、論理的には一九八とおりの亜種が存在し得る）すべてのインフルエンザウイルスを持っていると言われるのである。それが、たまたま養鶏業者などのトリとの濃厚接触によってヒトをはじめとする哺乳類に感染し、さらにそれがまた体内での遺伝子組み換えが行われてブタからヒトへ、あるいはヒトからヒトへといったように、哺乳類同士で感染するようになれば、それこそ事態は一大事に至るのである。

それでは、なぜ鳥にはこんなにも多くの亜型のインフルエンザウイルスが存在し、逆に、ヒトをはじめとする哺乳類にはこれほど少ないインフルエンザウイルスしか存在しないのだろうか？　答えは簡単である。ヒトが初めて飛行機を発明したのは今からわずか百年前のことである。しかし、ヒトが空を自由に飛べるようになる数千万年も前から、鳥たちは大空を自由に飛び回っていたのである。インフルエンザウイルスがより広範囲へ自分たちの遺伝子をバラ撒きたいのならDNAの戦略として自らの二本の脚でてくてくと歩くことしかできなかったヒトに取り付くよりも、一日に何百キロも飛ぶことができ、広い海洋すら越えて大陸から大陸へと移動することができる鳥類(渡り鳥)に感染しやすいように特化したほうが、その種(インフルエンザウイルス)の保存にとって有利であったことは言うまでもない。

平安時代の宮中行事に起源をもつといわれる「七草粥」にまつわる興味深い話がある。「七草粥」とは、神式の正月の最終日(一月七日。五節句の第一である「人日《じんじつ》」の節句。仏式の正月は「後七日」と呼ばれ、一月八日から十四日まで)に、官庁の御用始めに当って、その年の無事息災を願って、セリ、ナズナ、ゴギョウ……の七種類の野草を刻んだものを粥に入れて食する行事が民間にも広まり、それが習俗化したのであるが、問題なのは、その七種類の青草を刻む時に唱われる民間伝承的な歌の詞である。曰《い》わく「七草ナズナ。唐土の鳥が、日本の国に渡らぬさきに、トントントトトン……♪」驚くべきことに、われわれ日本人の先祖は、千年も前から既に、未知の伝染病が渡り鳥に乗って中国大陸からもたらされるということを経験則的に知っていたのであろうか。

慰霊のあり方 日米比較　二〇〇五年十一月

「国連創設六十周年記念総会開会礼拝」に招かれ、久しぶりにニューヨークを訪れた。世界を震撼《しんかん》させた二〇〇一年九月の「米国中枢同時多発テロ事件」から満四年が経過した二〇〇五年九月十一日、万人注視の前で約三千名のいのちと共に崩れ去ったアメリカの繁栄の象徴ニューヨークの世界貿易センター（WTC）ビル跡地（通称「グラウンド・ゼロ＝爆心地」）には、早朝から、遺族だけでなく、全米のマスコミと世界各国から大勢の人々が詰めかけた。「第二のテロ」を警戒して、夥《おびただ》しい数の警備関係者が厳重警戒する中、会場は異様な雰囲気でピリピリしていた。

私は、「九・一一」事件を受けて急遽、ニューヨークで開催された『文明間の対話による平和』をめざす国際シンポジウムと世界の宗教指導者による『追悼と和解の祈り』の式典に神道を代表して参列したことがあるが、あれから四年の歳月が経って、WTC周囲の超高層ビル群はすべて一新されたが、未だに約二百五十メートル四方（約二万坪）のWTCビルの跡地だけは、地下二十メートルぐらい掘り下げられてビルの土台が剥き出したままの、まさに「爆心地」の状態で放置されているのである。

もちろん、超高層ビルが林立する世界一のビジネス街マンハッタンに、二万坪もの土地をいつまでも「空き地」にしておくような余裕はなく、航空機の激突という想像もつかないような方法で破壊された百十階建て（のべ床面積百万平方メートル）の巨大なツインビルに代わって、新たな超高層ビル「フリーダム・タワー」の建設が計画されていると聞くが、一向にその鎚音が聞こえてこないのは、この「グラウンド・ゼロ」が「九・一一」以後、アメリカが世界各地で展開してきた戦争（アフガン戦争やイラク戦争）を正当化するための装置だからである。

すなわち、「自分たちこそが被害者であり、いかなる報復攻撃も正当である」という論理を目に見える形で演出するためである。同様の装置は、六十四年前（一九四一年）に日本軍によって真珠湾で沈められた戦艦アリゾナを、引き揚げようと思えば簡単に引き揚げられるわずか十数メートルの水深であるにもかかわらず、しかも、千数百名の将兵の遺体がそこに眠っているにもかかわらず、これを無惨な姿で曝したままにすることによって、「リメンバー・パールハーバー」という対日戦争を正当化したように……。アメリカという国家にとっては、常にこういう演出が必要なのかと思ってしまった。

グラウンド・ゼロにおいては、一機目の飛行機が北タワーに突っ込んだ時刻から二機目が南タワー突っ込んだ時刻、さらには、南タワーが崩壊した時刻から北タワーが崩壊した時刻とメリハリをつけて、その都度、黙祷が行われる中、ジョージ・パタキNY州知事やマイケル・ブルームバーグNY市長をはじめ、数千名のテロ事件犠牲者遺族や、救出作業中に殉職した警察・消防関係者らが出席して二時間以上の時間に及ぶ追悼慰霊式典が行われた。その間、遺族たちによって延々と読み上げられる犠牲者の名前に、ことさらに「被害者」を演出しなければならない国家的儀礼に心が痛んだ。

一方、この日の夕方には、かつてWTCビルの聳《そび》え立っていたスカイラインを望むハドソン川畔の第四〇埠頭《ピア》において、浄土真宗の僧侶によって提唱され、広島の原爆犠牲者慰霊の灯籠流しを模して初められたという「九・一一犠牲者追悼灯籠流し」が行われ、私はその儀式にも装束を着用して参列した。日本人の一民間人が始めたこの儀式であるが、ニューヨーク在住の各国仏教徒だけでなく、今では、地元のキリスト教やその他の宗教関係者も参列して、平和と和解の祈りが行われるようになった。私も、装束姿が珍しかったのか、地元マスコミから何度も取材を受けた。もちろん、ここで書いたように「慰霊というものに対する日米間のあり方の違い」についても述べた。

「灯籠流し」という習慣のないニューヨーク市港湾局の細かい規制を克服するために、カナディアンカヤック（カヌー）愛好家がボランティアで協力してくれることによって可能となった「（回収紐付きの）灯籠流し」を通じて、なんの関係もなかった日系宗教家とカヌー愛好家と一般市民とを結びつける要因になっていることは、素晴らしいことである。慰霊行事に参加した市民がそれぞれのメッセージを記した数百の灯籠が摩天楼の明かりが映る川面に幽玄の世界を描き出して、遥か後方に見える一年に一度だけ、高度数千メートルに達しようかという強力なサーチライトによって、WTCビルの屹立していた場所を再現するイベントと好対照であった。

最後に、これらの行事で、神道国際学会からニューヨークに派遣されている英語が堪能な上賀茂神社の神職乾光孝師が大いに活躍されていることは、とかく発信力が弱いとされる日本文化が、なかんずく神道が、国際社会において理解されるために絶大なる貢献をしていることは言うまでもない。

私も、ニューヨーク滞在中に装束を着けて行った儀式(祭詞奏上)やインタビューは、参集した現地の人々やメディアに直接訴えかけるため、すべて英語で行った。

一言主の末路は……

二〇〇五年九月

記・紀には、種々の神々が登場するが、その多くは「神代記」と呼ばれる古事記「上ツ巻」に集中している。しかし、中には、既に神々の時代から「人間」の時代に入ってしまったにもかかわらず、「遅れて登場してきた神々」も何人かいる。その一人として、今回、人皇第二十一代雄略天皇(五世紀中頃)の項に登場する「一言主神《ひとことぬし》」という奇妙な名前の神について触れたい。

七一二年に編纂《へんさん》された古事記においては、雄略天皇が、当時の政治の中心地であった河内国(大阪府)と大和国(奈良県)の境にある葛城山中で狩を行った時、自分たちとそっくりな出で立ちの一行に遭遇する。ちょうど、『水戸黄門』のドラマで、光圀主従が偽者の黄門様一行に出くわすのと同じパターンである。この時、驚いた天皇がその一行の素性を問うと、その人物は「吾《われ》は悪事も一言、善事も一言、言い離つ神。葛城の一言主の大神なり」と述べる。何のことかサッパリ解らないのであるが、古事記においては、その一言を聞いた天皇は、畏《おそ》れ入って自らの着物や持ち物をすべてその神に献上して、これを拝礼したことになっている。実に奇妙な話である。おそらく当時は、よほど一言主神の威力(一言主神を奉じる豪族の勢力)が強かったのだと思われる。

ところが、七二〇年に編纂された『日本書紀』においては、同様のエピソードが紹介されているが、少し内容が変わっている。葛城山中で、雄略天皇と一言主神が邂逅するまでは同じなのであるが、その後、天皇と一言主神は「二人連れ合って狩を楽しむ（対等な関係）」ということになっている。この八年の間に、ストーリーを変更しなければならなかった何かが起こったのであろう……。さらに、平安時代初期の七九七年に編纂《へんさん》された『続日本紀』によると、このエピソードは「一言主神が天皇と獲物を争ったため、天皇の怒りに触れ、土佐に流されてしまう」と書かれているのである。わずか八十数年の間に一言主神の立場が劇的なまでに落ちぶれてしまっているのである。

このことは、一言主神を奉じていた賀茂族の古代律令国家における地位の相対的低下と、それに反比例するように勢力を伸ばしていった藤原氏との関係に対比されると言われている。これらの話はすべて、「吾は悪事も一言、善事も一言、言い離つ神。葛城の一言主の大神なり」と颯爽と古代律令国家の表舞台に登場し、すべての事象を「一言（ワンフレーズ）」で断罪することができた一言主神という、いわば「流行神《はやりがみ》」が、人々の絶賛を受けて登場したのであるが、しかし、この流行神もいつの間にか新鮮味を失い、人々から忘れ去られ、その賞味期限が切れて零落していったというお話である。

さて、ここで話は二十一世紀の日本に移る。二〇〇一年春に、この国の政界では大きな異変が起きていた。議院内閣制をとる日本において、あろうことかその権力の源泉である（与党の）「自民党をぶっ潰す！」と言って、国民から絶賛を受けて自民党の総裁となり、位人臣《くらいじんしん》を極めた男が居る。小泉純一郎その人である。小泉政権の最初の一年半くらいは、まさに「飛ぶ鳥を落とす勢い」とでも言うか、大げさな言い方をすれば、神話の時代以来、連綿と続いてきたこの国の「談合政治」という伝統的政治手法の「破壊者」を宣言した小泉氏は、有権者の喝采を受け、これらのすべてを「守旧派」という三文字に封印して、その力をスポイルしていった。この一世を風靡《ふうび》した「現代の一言主」とも言えるワンフレーズ政治家の小泉純一郎氏の評価が、今後、十年、二十年、三十年という歳月の経過と共に、どのように零落していくかを楽しみに長生きしてもらいたいと思う。

文字化けした歴史を読み解く

二〇〇五年七月

あなたがもし、「いただきます」という日本語を巧く外国語に翻訳できるなら、今回のコラムを読む必要はない。また、この設問に興味が湧かない人は、このコラムを読んでも仕方がない。何故、このような問いかけを『神道フォーラム』の読者の皆さんにするのか？　実は、私はこの四半世紀の間に百回以上、海外での国際会議に参加した経験があるが、未だに、この食事の際の挨拶「いただきます」にピッタリ来る外国語に接した覚えがないからである。他にも、われわれが普段からなにげなく使う「もったいない」とか「おかげさまで」といった語彙もすべて、一語だけでは翻訳不可能だ。だからといって、ここで難しい比較言語学について論じようというのではない。

「いただきます」に相当する外国語を思い起こしてみると、英語の「Thank God for providing us this meal.（神よ、われらにこの糧を与え給うたことを感謝します）」じゃ、まるで修道院の一シーンだ。むしろ、実際の生活では、「Enjoy your meal!（あなたの食物を楽しみなさい）」のほうが感覚的に近いだろう。また、フランス語の「Bon appetit!（よき食欲を＝たらふく喰いなさい）」にしても、中国語の「吃吧《チーバ》、吃吧！（まあ、喰えや）」という食事開始の号令にしても、日本語の「いただきます」とは明らかにニュアンスが異なる。にもかかわらず、われわれは、この違いに目を瞑ったまま、「いただきます」を、単なる食事開始のための合図として記号化しているから、何となく外国人と意思疎通ができたと勘違いしているだけなのである。

しかし、一歩踏み込んで考えてみると、生物学的に言えば「食物連鎖」、宗教学的に言えば「アニミズム的な生命観」で満ち溢れた日本語の「(私のために身を捧げてくれたあなたのいのちを)いただきます」という感謝と、ここに挙げた英語やフランス語や中国語の「人間の食欲賛美」とでは、まったく異なる思想的文化的背景を有していることは明らかである。実は、この「違い」の本質的部分が認識できたら、「靖国神社へのA級戦犯合祀」に関する日中間の「歴史認識」の違いも、即座に理解することができる。一方、この「違い」を理解できていない政治家・官僚・経済人・マスコミ関係者等は、対欧米、対中韓、対アラブ諸国等のスタンスの取り方を掴めないと言っても過言ではない。とはいうものの、考えてみて欲しい。果たして、当のわれわれ自身がどれだけ「日本」のことを知っていると言えるのだろうか?

八年前(一九九八年)から、私はインターネットのサイト『レルネット』(www.relnet.co.jp)を開設してこれらの問題提起を行ってきたが、より多くの人に問題意識を持ってもらうために、昨年(二〇〇四年)の夏以来、衛星CS放送の「スカパー!」216チャンネルで、『Xtable Yの椅子』という番組を制作し、現代社会に惹起《じやつき》するさまざまな問題を、日本文化の深層に根ざすアニミズム的宗教観の視点から分析して、独自の文明認識を展開してきた。

この度、その番組に対談相手として出演していただいた菅波茂博士（多国籍医師団AMDA代表）、奥野卓司教授（情報人類学者）、ムサ・ムハマド・オマール・サイード博士（駐日スーダン共和国大使）、オリビア・ホームズ師（米国リベラル派教団UUA国際局長）、加地伸行教授（儒教研究家）、アラン・グラパール教授（フランス人修験道研究家）、森孝一教授（米国における宗教と政治研究家）、王勇教授（日中文化交流史研究家）、中條高徳氏（アサヒビール名誉顧問）、亀井静香氏（衆議院議員）（註：肩書はすべて当時のもの）ら、まったく分野の異なる十人との対談を通して、一見「文字化け」してしまったこの国の歴史の深層について、ひとつひとつ紐解きながら、解読《デコード》を試みた作品を一冊の本『文字化けした歴史を読み解く――われわれはどれだけ日本のことを知っているのだろうか』（文園社刊）にまとめてみた。この本が『神道フォーラム』読者の皆さんの「歴史認識」の一助になれば幸いである。

言挙げすることこそ大事　二〇〇五年五月

第二六五代のローマ教皇ベネディクト十六世が即位された。初の東欧出身で「空飛ぶ教皇」と言われた故ヨハネ・パウロ二世のイメージがあまりにも強いが、新教皇に選出されたドイツ出身のヨーゼフ・ラッツィンガー枢機卿《すうききょう》は、祝福とか慈善という意味の「ベネディクト」という教皇名を選ぶことによって、それだけで彼の施政方針を端的に表明した。また、欧米の指導者にとってみれば、大量破壊兵器が初めて使われ、ヨーロッパ社会に壊滅的な打撃を与えた第一次世界大戦の直後に即位し、世俗国家の仲介者としての新しいカトリック教会のあり方を目指したベネディクト十五世の業績を想起させる効果がある。バチカンの大きな世界戦略が見て取れる。

人類の大半をカバーしている宗教といえば、キリスト教とイスラム教である。このふたつの兄弟宗教に共通しているのは、「言葉の宗教」であるという点である。教えが言葉で説明できることによって、いつでも、どこでも、だれでも、その宗教を理解することができるからである。「裸のサル」ホモ・サピエンスは、高度な言語体系を確立することによって、その文明を全世界に発展させ、世代を超えて継承することができた。

逆に言うと、言葉で説明できないことは、あくまでその人の個人的な体験に過ぎないことであって、普遍的なものではないということになる。それ故、自己の内面的な悟りを重視し、「不立文字《ふりゅうもんじ》」を標榜しているにもかかわらず、ディスカッションに力を入れてきた禅宗が、日本の諸宗教の中では、最も海外で受け入れられているのである。

その点、近代以後の神社界では、「言挙《ことあ》げしない」ということを日本神道の奥ゆかしさのように言う人があるが、大きな間違いである。仏教やキリスト教と正々堂々と真正面からディスカッションのできる人材が、わが神道界には不足しているというだけのことである。

日本語では「言葉」のことを古くは「事の端《ことのは》」と言ったが、その意味は、「(言葉として)いったん口に出して言ってしまうと、その事が現実の世界で起こってしまう」ということである。つまり、「言の始まり」が「事の始め」となるということである。つまり、わざわざ言葉にして発するということの責任は大きいのであって、そのことがもたらすであろう相手との摩擦も真正面から受けて立つという覚悟が問われるのである。それを「言挙げ」というのである。つまり、「言挙げ」とは「覚悟」の有無の問題である。

最近、中国各地で起きた「反日デモ」――もちろん、デモという行為は民意の表明方法として認められた正当な行為であるが、そのことと、国際法で接受国(当該国)政府によって保護されるべきことが規定されている外国の大使館(領事館)への破壊活動とは別物であることは言うまでもない――に対する日本政府や経済界の態度と同じである。私には、本気で中国政府に対して「謝罪」と「賠償」を求めているようには思えない。

中国では、(中国政府の意を受けた)民間の会社が「無償で割られたガラスを入れ直す」などという不埒《ふらち》な解決法を提案しているようだが、とんでもないことである。日本政府は、今回の中国国内での違法行為に対して、中国政府に対して、国際社会において公然と「謝罪」と「賠償」をさせなければならない。その摩擦を真正面から受けて立つ決意と覚悟があるかどうかという問題である。ましてや、単に、「一日も早くデモが鎮静化すればそれでよい」とか、「経済活動に支障を来さないよう大人の解決を」などという経済人の言辞は論外である。つまり、国際社会においては「言挙げ」することこそ重要なのである。

私は、現在開催中の「愛・地球博」において、五月二日にはカンボジア王国のチバン・モニラック殿下らを招いて『多様な民族のスピリテュアリティ』、二十二日には南アジアの青年たちと『アジアの子供たちの支援のために』、二十三日には日欧の宗教者と『水・森・いのち』、二十八日には中東の平和活動家を招いて『宗教者は文明の衝突を回避できるか』という四回の国際シンポジウムに、モデレータあるいはパネリストとして出演し、異なった文化的背景を持つ人々と自らの信念に基づいて大いに「言挙げ」し、また、彼らから積極的に学ぶつもりである。

神道と愛・地球博

二〇〇五年三月

（二〇〇五年）三月二十五日から九月二十五日までの百八十五日間、名古屋の東部丘陵地帯を会場に、一九七〇年の『大阪万博』（正式名称は「ＥＸＰＯ'70日本万国博覧会」）以来、三十五年ぶりに日本で開催される『愛・地球博』（正式名称は「二〇〇五年日本国際博覧会」）が話題になっている。

この万博のメインテーマは、「自然の叡智」ということになっており、サブテーマとして、(1)「宇宙、生命と情報」、(2)「人生の〝わざ〟と智恵」、(3)「循環型社会」の三つが想定されている。高度経済成長の絶頂期に迎え、「人類の進歩と調和」を高らかに謳《うた》い上げた『大阪万博』と今回の『愛・地球博』とを比較してみると、いろいろと考えさせられる点が多い。

なんと言っても『大阪万博』は、六カ月間で六千四百万人という世界の万博史上最高の入場者数を集めたのであるが、その展示の中心は、万博の前年（一九六九年）にアポロ十一号が採取してきた「月の石」を売り物にした「アメリカ館」をはじめとする数十カ国もの国威発揚を目的とした奇抜な巨大パビリオンと、これまた数十もの大企業による工夫を凝らした無限の希望に満ちた未来を謳歌するパビリオン群からなっていた。

ところが、今回の『愛・地球博』はどうだ。参加国数こそ百二十カ国と倍増しているが、自前でパビリオンを建設した国はひとつとしてなく、皆、博覧会協会（ひいては日本政府）が用意した巨大パビリオンの「店子《テナント》」となって「形だけ参加」いるだけである。企業も、地元のトヨタやＪＲ東海を除けば、公的な色彩の強い電力やガス事業を含めてもほんの数社程度であり、有力企業のほとんどが出展した『大阪万博』からは明らかに見劣りがする。

しかし、『愛・地球博』のほうが魅力があるというか、将来への展望の可能性がある点がひとつだけある。それは、ＮＧＯを取り込んで、市民参加型の万博にしようと努力している点である。

神道国際学会の役員が関わっているものだけでも、薗田稔会長と米山俊直副会長が中心的な役員を務められている「社叢《しゃそう》学会」が『森に生きる日本文化』をテーマに、東ゲート付近の「千年の森」や、地球広場前の高さ二十五メートルのツインタワーの上に作られる「天空の森」を造成し、神宮の式年遷宮事業の端緒である「御杣山《みそまやま》神事」のハイビジョン中継などが企画されている。

また、この私が実行副委員長を務める諸宗教協力による『こころの再生・いのり館』が地球市民村内に、五月の一カ月間開設される。ここでは、パビリオン展示をはじめ、少数民族を招いた国際シンポの開催、大地の広場での各種体験プログラムの実施など、楽しさ「てんこ盛り」の企画であり、読者の皆さんも万博見物に訪れされたら、ぜひお立ち寄りいただきたい。

今回の『愛・地球博』が目指すものは、四十億年という悠久の年月を生き抜いてきた生物界の智恵である「連続性」と「多様性」の尊重である。残念ながら、現在の世界宗教の主流である「啓示宗教（ユダヤ教・キリスト教・イスラム教などの一神教）」の考え方から導き出されるのは、「非連続性（＝神と人間や自然とは異質で隔絶された存在）」と「排他性」であるが、それだけでは、地球環境の維持・改善などは不可能であるということを気づく機会になればよいと思っている。その意味でも、「連続性」と「多様性」をその特徴にしている宗教である神道こそ、二十一世紀初の万博を意義深いものにする最適な宗教だと思う。

常識を疑ってみる

二〇〇五年一月

この度、新たに『神道フォーラム』誌が定期刊行されることになった。十年にわたって地道に啓蒙活動を行ってきた神道国際学会が新しいステージに入ったことを意味し、まことに喜ばしい限りである。編集部より、小生に「毎号コラムを書くように」と依頼されたので、日頃から思っていることを綴ってみたい。

連載第一回目は、ごく一般の日本人が、「神道」というもの対して持っている「常識」について疑ってみることから始めたい。「神道」という用語の学術的定義はひとまず置いておいて、まず、一般の日本人が「神道」というものを意識する身近な例から考えてみよう。

「神前結婚」という言葉があるが、これはいったいいつ頃から行われている儀礼なのであろうか？皇太子徳仁親王殿下（現、天皇陛下）がご成婚された際（一九九三年）にも、たしかテレビ中継のアナウンサーは「古式ゆかしく……」と表現していたように記憶するが、実は、「神前結婚」は、案外「新しい」儀礼である。

明治三十三年（一九〇〇年）に、時の皇太子嘉仁親王（後の大正天皇）がご結婚される際に、欧州列強のロイヤルウエディング（当然、キリスト教式）に対抗するため、これまで行われていた神社での奉神儀礼を参考に、古事記などのテキストを解釈して新たに考案された近代の産物である。少しも「古式」ではない……。大正時代になってそれが庶民の間に一般化したものである。

また、現在では、神職のイメージである白装束姿や「二礼二拍手一礼」などの全国標準の礼拝様式なども皆、明治近代国家の官僚によって創り出されたものであって、近代以前には、全国津々浦々の神社で、その土地その土地独自の(色も柄もバラバラの)装束や、多様性豊かな儀礼(礼拝様式)が連綿と受け継がれてきたものがあった。

同様に、今では「仏教の専売特許」となった感のある「仏式の葬儀」も、十六世紀半ばにキリスト教が伝来した際、整った人生の通過儀礼の体系を持つカトリック教会に対抗するため、プロの僧侶が介在する形での葬儀が一般化したのである。

もっと遡れば、「神道」がひとつの「宗教」として意識されるようになったのは、千数百年前に大陸から仏教をはじめ儒教や道教がこの国に導入されたことによる。もちろん、はるか縄文時代にまで遡る日本人独自の宗教意識は存在したが、それが現在、われわれが知っている「神道」のようなものであったかどうかは別物である。その証拠に、千数百年まで盛んに造られた古墳でどのような儀礼が行われていたかすら、よく解らないではないか……。

日本国内だけでなく、海外の優秀な研究者を多く抱える神道国際学会と、その機関誌である『神道フォーラム』は、近代によって矮小化された「神道」に関する私たちの「常識」を打ち破って、「神道」というものが本来有している豊穣な世界をわれわれの現前に紹介していってくれるものと期待している。

あとがき

『神道フォーラム』誌上で連載し続けてきたエッセイ集『神道DNA』の原稿十五年分をあらためて再読してみて気づいたことは、私は、この誌面を借りて、実に多くの案件について課題抽出を試みてきたということである。今般のカルロス・ゴーン被告の国外逃亡事件についても、「ロス疑惑事件」裁判の元被告(無罪確定)三浦和義氏の顛末について二〇〇八年十一月に描いた『国民のいのちを守らない国家』で問題提起している。それらの中でも、二〇〇六年から二〇一〇年にかけて上梓した『インフルエンザと七草粥』、『ギルガメッシュ vs スサノヲ』、『遣唐使がもたらした伝染病と神々』、『インフル・金融ダブル危機』、『口蹄疫禍と生物多様性』等に収録された内容は、昨春刊行された『風邪見鶏：人類はいかに伝染病と向き合ってきたか』の内容となり、二〇一一年から二〇一八年にかけて上梓した『新しい国づくり神話を』、『ソーシャルメディアと社会秩序』、『ヨーロッパとは何か』、『攘夷を叫ぶだけでは……』、『新しい時代をどう迎えるか』等に収録された内容は、昨秋刊行された『イスラム国とニッポン国：国家とは何か』の内容となって結実を見た。つまり、昨年、刊行された二冊の作品は、実は、私の頭の中で、十五年間という長い期間をかけて発酵熟成されていたということである。

また、紙媒体である『神道フォーラム』誌上で連載を続けていた期間に数年先行する形で、私は一九九七年から『レルネット』というウェブサイトを立ち上げ、その内容を日々更新してきた結果、現在までの二十三年間でのべ六十七万七千名もの人がその内容を読んでくださったので、一日当たりに平均すると八十五名になる。その中でも、「縄文からポケモンまで」をキャッチフレーズにして書き綴ったエッセイ集『主幹の主観』シリーズは、通算二百八十七話を数え、鎌倉時代末期から南北朝の混乱期に吉田兼好によって著されたわが国随筆文学の最高峰とされる『徒然草』全二百四十四段をその章数においては凌駕《りょうが》するものとなったが、私は数年前から主戦場（拙論の発表場所）をSNSのひとつフェイスブックに移したので、その後、新たな考察は満六十歳になった当日に上梓した『六十而耳従？』以後、完全にストップしてしまった……。とはいえ、『主幹の主観』シリーズが話題を提供してきた範囲は『神道DNA』を遥かに凌駕しているので、より長い熟成期間を経て将来、紙媒体で刊行される日があるかもしれない。

さらに、現在の「主戦場」であるフェイスブック上では、文章に加えて多様な画像を紹介できる上に、そのはじめから数年以上にわたってほぼ毎日、英語と日本語のふたつの言語でエッセイを発表しているので、ジャパノロジストとしての私の活動は世界的に見てもかなり大きくなったようで、近年、海外で私の言説が取り上げられるケースも増えてきた。フェイスブック上で発表してきたタイムラインのタイトル数はすでに二千項目を越え、今年からは、「文字を読まなくなった現代人」をターゲットにユーチューブ等の動画配信サイトも用いて、日本文化の源泉に潜む神道的な発想について紹介してゆこうと計画しているので、これからも私の寿命が続く限り日々追加されていくであろう論説をいかに多くの人々に伝播し、かつ、「人類の知恵の宝庫」として保存――その一手段が今回の出版である――してゆけるかが、六十代における私の最大の課題である。

幸い、クラウドコンピューティングをはじめとする記憶メモリの外在化が個人レベルでも可能となったことと、AI（人工知能）技術の日進月歩の発展によって、現在、私の脳内にある膨大な知識は言うまでもなく、物事について論評する際の方法論から個人的嗜好に至るまで、できる限りサイバー空間にばらまいておきさえすれば、たとえ私が寿命を迎える、あるいは、加齢や事故等によって知的にクリエイティブな仕事ができなくなったとしても、AIによって「三宅善信」的論説が世界にばらまかれ、かつ、自己増殖してゆくことができるようになると信じるものである。そのことによって三宅善信的なるものが「永遠の生」を獲得することができるようになるのであって、そのことはまさに、この地球上の生命が何十億年もかけて紡いできた自己複製する遺伝子という戦略と共通するものであり、その意味でも、本書の題名である『神道DNA』の真価が発揮されるのである。

令和二年正月

三宅　善信

三宅善信の関連書

風邪見鶏

――人類はいかに伝染病と向き合ってきたか

ヒト・モノ・カネ・情報が国境の壁を越えて自由に動き回るグローバル化した危険極まりない現代世界において、個々人の病理学的な意味での「感染症」ではなく、社会学的あるいは歴史的な意味での「伝染病」や「流行」について考察する警世の書。

四六判 並製
208頁

価格 1,200円

イスラム国とニッポン国 国家とは何か

ニッポン国はどうなってしまうのか?

「イスラム国」という現象を先入観なく考察を行うことで、日本人が深く考えてこなかった「国家とは何か?」という問題と向き合う。憲法改正や移民の受け入れなど、国民世論を二分する課題に対して、個々人の主義主張の違いを超えてまともに議論するための最低限必要なプラットフォームとなる一書。

四六判 並製
256頁

価格 1,400円

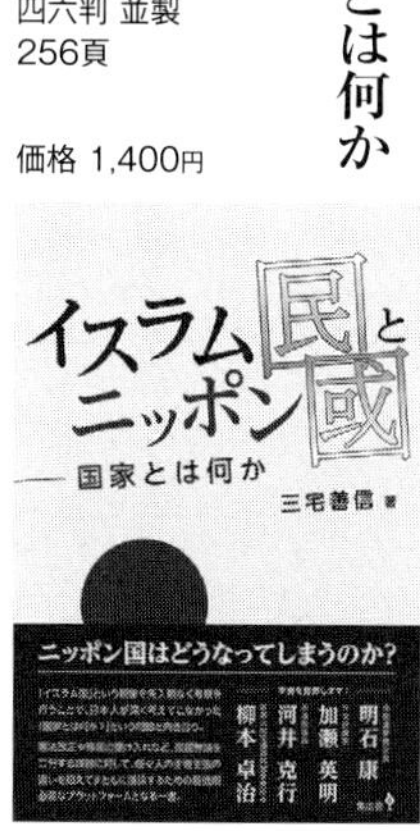

第20・21回国際神道セミナー 海と神道/譲位儀礼と大嘗祭 特別寄稿『神々は海から来た』

日本神話の世界は、大陸に起源を持つ儒教や道教の父系社会とはまったく別の価値観に根ざした世界である。

大内典、佐野真人、松本郁代、マイケル・パイ、三宅善信(共著)
特定非営利活動法人 神道国際学会(編集・発行)

四六判 並製
140頁

価格 1,000円

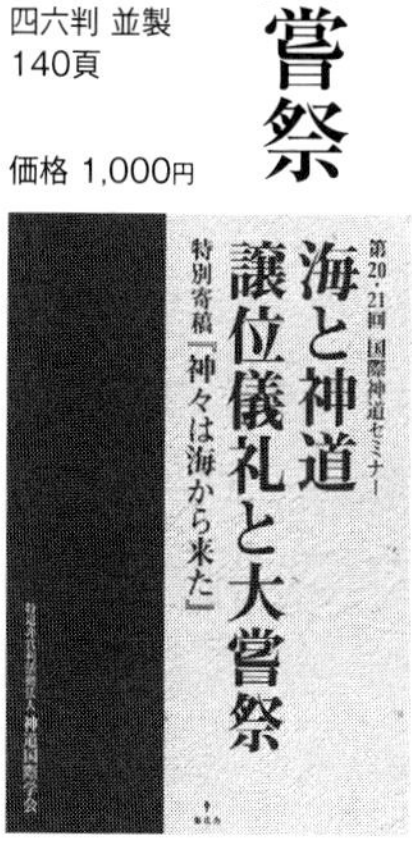

三宅善信（みやけ・よしのぶ）

1958年大阪市生まれ。神道国際学会理事長、株式会社レルネット代表取締役、日本国際連合協会関西本部副本部長、金光教春日丘教会長。

同志社大学大学院神学研究科博士前期課程修了神学修士(組織神学専攻)。1984年～85年、ハーバード大学世界宗教研究所で研究員を務める。

主な著書は『文字化けした歴史を読み解く』(2006年、文園社)、『風邪見鶏:人類はいかに伝染病と向き合ってきたか』(2019年、集広舎)、『イスラム国とニッポン国:国家とは何か』(2019年、集広舎)、『現代の死と葬りを考える』(2014年、共著、ミネルヴァ書房)、『海と神道、譲位儀礼と大嘗祭、神々は海から来た』(2019年、編著、集広舎)など。

神道《しんとう》DNA　～われわれは日本のことをどれだけ知っているのだろうか～

令和2年(2020年)4月1日　初版第1刷発行

著者……三宅善信

発行者……川端幸夫

発行……集広舎
〒812-0035 福岡市博多区中呉服町5番23号
電話 092-271-3767　FAX 092-272-2946
https://shukousha.com/

装幀・造本……月ヶ瀬悠次郎

印刷・製本……モリモト印刷株式会社

ISBN 978-4-904213-90-2 C0036